한어형태론

汉语词法论

한어형태론

汉语词法论

진광뢰 陈光磊 지음 / 이경아 李鏡兒 옮김

學古房

序

在汉语语法研究中，专门着重讨论汉语词法的著作比较少见。最近，有幸看到陈光磊同志所撰《汉语词法论》的付排稿，觉得非常高兴。这本论著提出了一些有价值的见解，我相信，对于汉语语法的研究和教学，是一定会有所启发和帮助的。

在这本论著中，作者首先提出必须把词法学摆在汉语语法学科中应有的位置上，应当重视汉语词法的研究，以期使汉语语法学的研究更加完整、全面和精细。这个意见我以为应当得到重视。我国早期的语法研究，大多着重句子结构的分析，对词法缺乏足够的注重。有的学者甚至对它采取虚无主义的态度，认为汉语语法只有造句的部分。其实，汉语虽然缺少像印欧语那样的词形变化，但有着它自己的词法内容的。作者强调指出：为着完整地、全面地说明汉语的语法规则，需要深化汉语的词法研究。而且为适应当前科学技术应用对自然语言处理系统的要求，词库在语法理论中的地位日见重要；许多语法规则的描写也要转移到个别词项的说明上；词性标注更是必不可少；对词语知识的要求更趋精细化。这就使深化词法研究显得更加必要和重要。有人说，国际语法研究的发展，正呈现出从宏观向微观的回归。那末，注重词法，加深对词语属性的研究和描述，可能就是当今语法学发展的走向之一。看来作者的这些见解正好与此相吻合。

在这本论著中，作者全面探讨了现代汉语的词法问题，对汉语的语素与词、构词法和构形法、词类及其划分等各方面，作了系统的论述，其中不乏新鲜的见解。他提出应当把构词法和造词法区别开来，造词法属于词汇学，而构词法则属于语法学中的词法内容。书中对汉语词法结构类型作了相当全面和细致的探讨，如对构词中的类词缀，陈列出60个以上的实例来加以分析；把复合词分成联合、串合、配合、叠合、缩合、综合等方式，各式之中又按其构成语素的类别作了更为细密的区分，这在已经发表的构词法研究的论著中是首次见到的。

汉语有没有形态？有没有构形法？对这个问题有不同的看法。作者认为凡是一种形式或语素标志着一个词的语法特征时，这个形式或语素就属于一定的形态类型。据此他对汉语的构形法手段(加缀法和重叠法)逐个进行了考察，如提出14个构形后缀并对其构形功用加以分析，其中有些观察颇为精细，如通常认为动词加后缀"头"是构词的，而作者则认为动词加"头"有构词和构形的区别：构词的具有独立的词汇意义，如"念头、锄头、找头"；构形的没有独立的词汇意义，只出现在"有/没有____"的格式里面，表示的是对动作对象或动作本身的一种评断估价，如"这个问题真有讨论头"、"多吃了就没吃头了"。再有对动词重叠的多种形态作了描写，说明动词不仅有尝试体，还有反复体、多次体、提问体等形态的存在。同时，对有关词类具有的某些重叠形态也尽行作出说解。这些成果使汉语构形法显示出了一定的规模和系统性，有助于加深对汉语词法特点的认识，是很有价值的。

关于词类，作者认为是词法和句法的接合部，是汉语词法学的重心，所以是全书论述的重点，所占的篇幅也最多。如所周知，分类的研究，是科学研究向系统、深入发展的必要条件，而分类原则是否是内在的、本质的，则是分类能否达到科学水平的依据和标尺。词的分类，是语法学中最重要、最基本的一种分类。汉语的词类问题经历了多年的探求和讨论，人们大体有了一个基本的共识，那就是汉语的词类划分要依据词的语法功能。作者对功能说的理论和方法作出了阐释，肯定词类是词在结构关系中的类，而不是孤立的词的类；词类是词在语法上的功能类别，而功能就是词的结构关系的总和或分布情况的汇合。他贯彻和运用这种功能原则和方法，把汉语的词划分为20个基本类别，并对汉语词类的层级系统作出了描述，那就是：实词和虚词两大部类，实词中体词、用词、点别词、副词四大类，然后就是名词、动词等等20个类(基本类)，再就是各类下面有次类或小类。这个词类系统中对新建的"简别词"(男、女、微型、超高频)功能特点作出全面阐述；对各类词中次范畴作出合理的分类；把方位词和量词列入虚词；如此等等，都显示出其一定的特色。

作者认为，从事汉语语法研究，应当遵守一个原则，就是要从语言语法结构的共性(一般性)和个性(特殊性)的辩证法中来探求和认识汉语的语法特点。这在他的具体研究中可以看得出来，比如他把汉语表示群体称数的"们"与英语表示一般计量称数的"-S"作了比较，考察两者在语法上的同异，指出"们"用于对人论群，表示的是模糊量、集合量，"-S"用于人和物的计量称数，既可以表示模糊量、集合量，也可以表示确切量、累计量；认为"们"与"-S"在属性和用法上有所不同，但都是表示语法上数范畴的形态。他还特别揭示和阐明了"们"之于汉语语法的论群称数是一种充分条件，而"-S"之于英语语法的计量称数是必要的(同时也是充分的)条件，这样，"们"在运用上就显现出一种灵活性，而不像"-S"那样具有强制性。并由此推断出汉语的形态大多具有灵活性而缺少强制性的原因，在于他们的运用对于其所表示的语法意义往往只是一种充分条件而不是必要条件。这样，既不能简单地否定汉语有某些语法范畴及其形态的存在，也不能简单地把汉语的某些语法范畴及其形态同西洋语法等量齐观。由此可见，辩证地看待语言语法的共性和个性的关系，有助于我们更好地认识汉语的语法特点。

不难看出，光磊对语法理论的认识，是有师承的。他是陈望道先生60年代的研究生，在望老耳提面命循循善诱之下，很有成就。望道先生遗著《文法简论》从起草到修订以至成书出版，光磊出力最多。当时，我在复旦中文系讲授语法，他也一直听我的课。我们彼此合作，互相切磋，相互学习，使我深受启发。我觉得光磊为学有一个特点：既虚心接受前人的理论和见解，但又不盲从，不为过去的成说所限，往往有所创新和发展。也许正因为如此，能够提出一些饶有创意的看法。不能说他的见解全都正确，但可以说都是经过认真思考、仔细推敲而得来的。我想，读者从这本论著中也是可以看到这一点的。

胡裕树
1993年岁尾于复旦大学中文系

한어 어법 연구서 가운데 전문적으로 한어 형태론을 다룬 저작은 드물다. 다행히 최근에 진광뢰陳光磊 동지가 저술한 《汉语词法论》 원고를 보게 되어 무척 반가운 마음이다. 본서는 몇 가지 가치 있는 견해를 제기하고 있어 분명 한어 어법 연구와 교육에 일깨움을 주고, 도움이 될 것이라 믿는다.

본서에서 저자는 먼저 형태론을 한어 어법학에서 응당 있어야 할 위치에 놓아야 하고 한어 형태론 연구를 중시해야 한다는 주장을 제기하고 있으며, 한어 어법학 연구가 훨씬 더 완벽하고 전면적이며 철저한 것이 되기를 바라고 있다. 이러한 의견은 반드시 중시해야 한다고 생각한다. 중국에서 이른 시기의 어법 연구는 대부분 문장 구조 분석에 치중하였으며 형태론에는 주의를 기울이지 않았다. 심지어 허무주의적 태도를 취하여 한어 어법에는 통사론만 있을 뿐이라 여기는 학자도 있었다. 사실 한어에는 인도 - 유럽어에서와 같은 형태 변화는 없지만 한어 자체의 형태론이 있다. 저자는 이에 대해 다음과 같이 강조하고 있다 : 완전하게, 전면적으로 한어 어법 규칙을 설명하려면 한어의 형태론 연구를 심화해야 한다. 또한 오늘날 과학 기술을 응용한 자연 언어 처리 시스템에 대한 요구에 부응하여 어법 이론에서 어휘집의 중요성은 나날이 커지고 있다. 어법 규칙을 기술할 때도 항목별로 설명하는 쪽으로 바뀌어야 하며 품사 표기는 필수적이다. 어휘 지식에 대한 요구는 더욱 세밀해지는 추세다. 따라서 형태론 연구를 심화할 필요가 있으며 또한 무척 중요한 일임을 알 수 있다. 국제 어법학 연구의 발전은 거시적인 것에서 미시적인 것으로 돌아가고 있다고 말하는 이도 있다. 그렇다면 형태론을 중시하고 어휘의 속성 연구와 기술을 심화하는 것은 곧 현재 어법학 발전이 지향하는 바일 것이다.

본서에서 저자는 현대 한어의 형태론 문제를 전면적으로 탐구하였으며 한어의 형태소와 단어, 구사법과 구형법, 품사와 품사 구분 등 여러 방면에 대하여 체계적인 논술을 하였는데 신선한 견해가 많다. 저자는 단어구성법(구사법)과 단어조성법(조사법)을 구별해야 하며 단어조성법은 어휘학에 속하는 것이고 단어구성법은 어법학 중 형태론에 속한다고 말한다. 또한 한어 어휘의 구조 유형에 대하여 상당히 전면적으로 자세히 논하고 있다. 예를 들어 단어를 구성하는 준접사를 60개 이상의 실례를 들어 분석하고 있으며 복합어를 연합, 관합, 배합, 첩합, 종합 등 여러 방식으로 나누고 다시 구성 형태소의 종류에 따라 한층 더 세밀하게 구분하고 있다. 이러한 것은 지금까지 발표된 단어구성법 연구 논저로는 처음이다.

한어에 형태가 있는가? 형태변화법(구형법)이 있는가? 이에 대해서는 여러 관점이 있다. 저자는 어떤 형식이나 형태소가 한 단어의 어법 특징을 나타내고 있다면 이러한 형식이나 형태소는 형태 유형에 속하는 것이라고 말한다. 또한 이에 따라 한어의 형태변화법(접사 부가법과 중첩법)을 고찰하여 14개의 구형 접미사를 매우 자세히 분석하고 있다. 예를 들어 통상적으로 동사에 접미사 '头'를 붙이는 것은 구사라고 알고 있으나 저자는 이를 구사와 구형으로 구별해서 보아야 한다고 말한다. 구사의 경우 '念头', '锄头', '找头'처럼 독립적으로 의미를 나타낼 수 있으나, 구형의 경우 독립적인 의미가 없이 '有/没有……'와 같은 형식으로만 나타나며 '这个问题真有讨论头', '多吃了就没吃头了'에서처럼 동작 대상이나 동작 자체에 대한 단정적인 평가를 나타낸다. 동사의 여러 가지 중첩 형식에 대한 기술에서는 동사를 중첩하면 시도의 의미 외에도 반복, 의문 등 다양한 의미를 나타낼 수 있다고 설명한다. 또한 다른 품사를 중첩하는 것도 같이 설명하고 있다. 이러한 성과는 한어 형태변화법의 규모와 계통성을 보여주고 있으며 한어 형태론의 특징에 대한 인식을 심화하는 데 도움이 되는 것으로 무척 가치가 있다.

품사와 관련하여 저자는 형태론과 통사론이 만나는 지점이 한어 형태론의 핵심이라고 여긴다. 따라서 이는 본서에서 중점적으로 다루는 부분이기도 하고 내용도 가장 많이 차지하고 있다. 주지하다시피 분류 연구는 과학 연구가 체계적으로 심화 발전하는 필요조건이며 분류 원칙의 내재성과 본질성 여부는 분류의 과학적 수준을 판별하는 척도이다. 품사 분류는 어법학에서 가장 중요한 기본 분류이다. 한어의 품사 문제는 다년간의 탐구와 토론을 거쳐 이제 기본적으로 공통된 인식이 형성되었다. 즉, 한어의 품사 구분은 단어의 어법 기능에 의거하여야 한다는 것이다. 저자는 기능 품사설의 이론과 방법을 자세히 설명하면서 품사는 단어를 구조 관계 안에서 분류한 것이지 고립된 단어를 분류한 것이 아니라고 말한다. 또한 품사는 어법 기능상의 분류이며 기능은 단어의 구조 관계의 총화 혹은 분포 상황의 회합이라고 말한다. 저자는 이러한 기능주의 원칙과 방법을 관철하고 운용하여 한어 단어를 20가지 기본 품사로 나누고 한어 품사의 체계를 층차별로 기술하였다. 즉 한어 품사를 실사와 허사라는 큰 갈래로, 실사는 다시 체언, 용언, 점별사, 부사 등 네 갈래로 나누고, 그 다음에 명사, 동사 등 20가지 기본 품사로 나누었다. 큰 갈래 아래에 차류 혹은 소류로 나뉘는 식이다. 이러한 품사 체계의 여러 품사 중 새로 만들어진 '간별사簡別詞(男, 女, 微型, 超高頻)'의 기능 특성에 대하여 전면적으로 설명하고 각 품사의 차범주에 대하여 합리적으로 분류하였으며 방위사와 양사를 허사로 분류하는 등등…… 하나하나 모두 특색이 드러난다.

저자는 한어 어법 연구를 한다면 어법 구조의 공통성(일반성)과 개별성(특수성)의 변증법에 입각하여 한어 어법의 특성을 탐구하고 인식한다는 원칙을 지켜야 한다고 말한다. 이는 저자의 연구 내용에서도 구체적으로 나타나고 있다. 예를 들어 한어에서 무리를 나타내는 '们'과 영어에서 일반적으로 복수를 나타내는 '‑S'를 비교 연구하고 어법상 차이점을 고찰하여 '们'은 사람의 무리를 나타내는 데 쓰이며 모호한 수량, 집합적 수량을 나타내지만 '‑S'는 사람과 물건 모두에 쓰이며 모호한 수량이나 집합적 수량을 나타낼 뿐만 아니라 확실한 수량을 나타내는 데에도 쓰인다는 것을 지적하였다. 또한 '们'과 '‑S'는 속성이나 용법에 있어서 다소 다른 점이 있지만 둘 다 어법상으로 수의 범주를 나타내는 형태표지라고 말한다. 한어 어법에서 '们'이 무리를 나타내는 것은 일종의 충분 조건이고 영어 어법에서 '‑S'가 복수를 나타내는 것은 필요 충분 조건이라고 설명한다. 그리고 이렇게 '们'은 운용에 있어서 유연성을 보이고 있으며 '‑S'

처럼 강제성을 보이지 않는다고 밝힌다. 더 나아가 이로부터 한어의 형태 대부분 유연성이 있으며 강제성이 없는 원인이 한어의 형태는 어법 의미를 나타내는데 일종의 충분 조건일 뿐 필요 조건은 아닌 경우가 많다는데에 있음을 추론해낸다. 이처럼 한어에 어법 범주와 형태가 존재함을 간단하게 부정할 수 없을 뿐 아니라 한어의 어법 범주와 형태를 서양 어법과 간단히 동일시할 수 없다. 또한 언어(어법)의 공통성과 개별성의 관계를 변증법적으로 인식하는 것은 한어의 어법 특성을 훨씬 잘 이해하는데 도움이 됨을 알 수 있다.

어법 이론에 대한 陈光磊의 인식은 스승으로부터 이어받은 것임을 어렵지 않게 알아차릴 수 있다. 1960년대에 진망도陈望道 선생의 연구생으로서 스승 가까이서 차근차근 가르침을 받아 상당한 성과를 얻었다. 진망도 선생의 유작《문법간론文法简论》은 초안에서부터 수정을 거쳐 출판되어 나오기까지 陈光磊가 가장 많이 힘썼다. 당시에 나는 복단대 중문과에서 어법을 가르치고 있었는데 陈光磊도 내 수업을 줄곧 들었다. 우리는 서로 돕고 절차탁마하며 공부하여 나도 깨닫는 바가 많았다. 陈光磊는 학문을 함에 있어 앞사람의 이론과 견해를 겸손하게 받아들이되 맹목적으로 따르지 않으며 기존 학설에 얽매이지 않고 종종 새롭고 독창적인 성과를 이루어 내었다. 바로 그렇기 때문에 독창적인 견해를 충분히 제기할 수 있는 것이라 생각한다. 陈光磊의 견해가 모두 옳다고 말할 수는 없지만 열심히 생각하고 자세히 퇴고한 후에 얻어진 것임은 확실히 말할 수 있다. 이 점은 독자 여러분도 발견할 수 있을 것이라 생각한다.

호유수胡裕树
1993년 세밑 복단대학 중문과에서

作者序 ▌

李镜儿博士将我着述的《汉语词法论》(上海：学林出版社，1994、2001)译成韩文由学古房出版社刊行，这令我非常高兴和感到荣幸。

李镜儿博士这里所译的是我当年在复旦大学中文系开设"汉语词法专题"课程的讲义内容，即对汉语的语素与词、构词法、构形法，尤其是词的功能分类等问题所作的力求系统的阐释。我对汉语词法问题的研究，都得益于我所敬爱的两位老师陈望道先生和胡裕树先生的教导。他们两位都站在各自所处时代的学术前沿，他们的学说在中国语法学界具有重大影响。我衷心地敬佩和感谢他们！

李镜儿博士曾在复旦大学攻读硕士学位(师从申小龙教授)和博士学位(师从李熙宗教授)。我有幸担任了她这两次学位论文答辩委员，她良好的学术资质和科研能力给我留下了极为深刻的印象。她的博士学位论文《现代汉语拟声词研究》，得到了答辩委员的一致好评，后来又成书在中国上海出版(学林出版社，2007)。

我同李镜儿博士交往有年，了解她对有关词汇学和词法学的问题很感兴趣，是她学术研究的取向之一。她热爱教学与科研，是一位淡泊名利而潜心于学问的大学教师。之所以要翻译这本《汉语词法论》，是因为她认为这本书的内容可以为韩国学人从事深入的汉语研究提供一个进阶。我则希望这书对韩国同行学者能有一定的参考之用，也借此能得到他们的宝贵意见。谨向本书译者李镜儿博士和刊行本译著，在韩国文化界享有盛誉的学古房出版社致以衷心的感谢！

陈光磊 2016年 12月 8日

于上海，复旦大学

作者序

李镜儿博士将我著述的《汉语词法论》(上海：学林出版社，1994、2001)译成韩文由学古房出版社刊行，这令我非常高兴和感到荣幸。

李镜儿博士这里所译的是我当年在复旦大学中文系开设"汉语词法专题"课程的讲义内容，即对汉语的语素与词、构词法、构形法，尤其是词的功能分类等问题所作的力求系统的阐述。我对汉语词法问题的研究，都得益于我所敬爱的两位老师陈望道先生和胡裕树先生的教导。他们两位都站在各自所处时代的学术前沿，他们的学说在中国语法学界具有重大影响。我衷心地敬佩和感谢他们！

李镜儿博士曾在复旦大学攻读硕士学位(师从申小龙教授)和博士学位(师从李熙宗教授)。我有幸担任了她两次学位论文答辩委员，她良好的学术资质和科研能力给我留下了极为深刻的印象。她的博士学位论文《汉语拟声词研究》，得到了答辩委员的一致好评，后来又成书在中国上海出版(学林出版社，2007)。

我同李镜儿博士交往有年，了解她对汉语词汇学和词法学的问题很感兴趣，是她学术研究的取向之一。她热爱教学与科研，是一位淡泊名利而潜心学问的大学教师。之所以要翻译这本《汉语词法论》是因为她认为这本书的内容可以为韩国学人从事深入的汉语研究提供一个较为合适的进阶。我则希望这本书对韩国同行学者能有一定的参考之用，也借此能得到他们的宝贵意见。

谨向本书译者李镜儿博士和刊行本书译著、在韩国文化界享有盛誉的学古房出版社致以衷心的感谢！

陈光磊 2016年12月8日
于上海，复旦大学

이경아 박사가 나의 책《汉语词法论》(上海：学林出版社, 1994、2001)
을 번역하여 학고방 출판사에서 출간하게 되어 무척 반갑고 영광스럽게
생각한다.

이경아 박사가 번역한 본서는 당시에 복단대학 중문과에서 개설한 '汉
语词法专题' 수업의 강의 내용으로 한어의 형태소와 단어, 단어구성법,
형태변화법, 특히 단어의 기능 분류 문제 등을 체계적으로 밝혀 설명하는
데 주력하였다. 한어 형태론 문제에 대한 나의 연구는 모두 경애하는 두
스승님, 진망도陈望道 선생님과 호유수胡裕树 선생님의 지도 덕분이다. 각
자 처한 시대의 학술 분야에서 선도적 역할을 하신 이분들의 학설은 중국
어법학계에서 중대한 영향을 미치고 있다. 두 스승님을 충심으로 존경하
고 감사한다.

이경아 박사는 복단대학에서 석사학위와 박사학위 과정을 각각 신소룡
申小龙 교수와 이희종李熙宗 교수로부터 수학하였다. 나는 운좋게 석사, 박
사 학위 논문 심사에 두 번 모두 답변 위원으로 참가하였는데 이경아 박
사의 훌륭한 학술적 자질과 연구 능력에 무척 깊은 인상을 받았다. 박사
학위 논문《现代汉语拟声词研究》는 답변 위원들로부터 만장일치로 호
평을 받았으며 나중에 중국 상해에서 출판되었다(学林出版社, 2007).

나는 이경아 박사와 다년간 교류를 하여 이박사가 어휘학 및 형태론에
관련된 문제에 관심이 많으며 이 분야를 학술 연구 방향 중 하나로 하고
있음을 잘 알고 있다. 이박사는 교육과 연구에 열성적이며 명리에 담박하
고 학문에 정진하는 교사이다. 이박사가 본서《汉语词法论》을 번역하려
는 것도 본서의 내용이 한국의 학인들이 한어를 깊이 연구해 나아가는 데
에 디딤돌이 될 수 있다고 생각하였기 때문이다. 나는 본서가 중국어를
연구하는 한국의 학인들에게 참고가 되기를 바라며, 또한 이 기회를 빌어
한국 학자들의 귀한 의견을 들을 수 있기 바란다.

본서의 역자인 이경아 박사와 간행자인 한국 문화계의 명성있는 출판사 학고방의 여러분들에게 충심으로 감사드린다.

진광뢰陳光磊 2016년 12월 8일
상해, 복단대학에서

　말을 조각조각 나누어 놓았을 때 음과 의미가 있는 가장 작은 조각을 형태소라고 한다. 짧은 말이든 긴 말이든 형태소에서부터 출발한다. 이 형태소가 결합하여 형태론적 구성을 이루고 통사론적 구성을 이루며, 더 나아가 문장을 이루게 된다. 형태론과 통사론은 문법의 주축을 이루는데 형태론은 형태소와 단어 층면을 다루고 통사론은 단어에서 문장까지의 층면을 다룬다. 그 중 형태론은 단어 구성 및 용법에 관한 규칙으로 단어의 구조, 형태 변화, 기능 구분 등을 포함한다. '형태론'을 개략적으로 정의하면 이렇다.

　《한어형태론汉语词法论》은 제목 그대로 한어의 형태론에 관한 책이다. 그런데, 고립어인 중국어(본 서문의 몇 군데를 제외하고는 이하 '한어'라는 명칭을 사용함)에 형태 변화가 있나? 형태론이 있나? 일반적으로 이런 질문을 던지는 경우는 대부분 '없다'에 무게 중심을 두고 있다. 언어를 다루는 사람들조차 중국어는 통사론 중심의 언어이며 형태론은 허사를 제외하고는 거의 없다고 여기는 이들이 많다. 본서에서 저자는 이런 의견의 맞은편에 서서 한어는 인도-유럽어처럼 형태 변화가 풍부한 언어는 아니지만 한어 단어는 한어 나름의 구조 방식과 형태 특징이 있으며 기능적으로도 구분이 된다는 견해를 피력하고 있다. 나아가 한어 단어의 형태론적 특성을 기능주의에 입각한 관점에서 풍부한 예문과 함께 체계적으로 밝혀 기술하고 있다.

　원서 《한어형태론汉语词法论》은 크게 두 부분으로 구성되어 있으며 그 중 앞부분에서는 한어 형태론과 품사 분류를 다루고 있고, 뒷부분에서는 한어 형태론과 관련된 몇 가지 문제를 개별적이고 심층적으로 고찰하고 있다. 앞의 1, 2부를 본편이라고 한다면 뒤의 3, 4부는 속편이라고 할 수 있을 것이다. 본서는 앞 1, 2부를 번역한 것이다.

논문을 쓰던 시절에 이 책을 읽을 때는 나 혼자 보고 이해만 하면 되는 거라 비교적 쉽게 책장이 넘어갔지만, 이번에 번역을 하며 읽을 때는 다시 읽는 책인데도 책장이 무겁게 느껴지는 때가 있었다. 100% 이해하고 있다고 생각하는 문장도 어쩌다 혹시라도 '아는 길에서 하는 실수'가 생기지 않도록 말 그대로 손가락으로 하나하나 짚어가며 읽어나갔다. 물론 시간은 더 걸렸지만 한어 형태론을 전체적으로 다시 조망할 수 있는 좋은 시간이었다.

번역은 번역자를 새로운 세계로 데려가 생각지 못했던 여행을 하게 한다. 중국어를 번역하면 중국으로, 프랑스어를 번역하면 프랑스로, 터키어를 번역하면 터키로, 문학 작품을 번역하면 문학의 세계로, 학술 서적을 번역하면 학술의 세계로 데려간다. 번역하는 언어에 따라 다른 나라로, 다른 장르의 세계로 나를 데려가 다른 언어를 쓰는 이들의 땅에서 그들의 삶을 느끼고 그들의 인식 과정에 참여하게 한다. 외국어를 공부하는 재미 가운데 하나이다. 그래서 글자 하나하나 짚어가며 눈이 새빨개지도록 바라보아도 전혀 싫증나지 않는다. (꼬부랑 할머니가 되면 그 때는 또 모르겠지만!)

한어에 관심을 가진 지 어느덧 삼십 년이다. 그 동안 이런저런 다양한 언어를 만나고 공부하면서 한어와 한국어는 상당히 비슷한 부분이 많다는 점을 발견하고(물론 다른 점 또한 많지만) 한편으로는 기뻐하고 한편으로는 놀라기도 하는 순간이 많았다. 한국어와 한어는 계통이 전혀 다른 언어이며 한어는 SVO언어, 고립어, 한국어는 SOV언어, 교착어로 구별된다. 기본 어순만 보면 한어는 인도 - 유럽어와 같아서 흔히 한어를 잘하면 영어도 잘한다, 잘 할 것이다(반대로 영어를 잘하면 한어도)라고 말하기도 한다. 그런데 사실 한어는 통사론적, 형태론적인 부분에 있어서 적지 않은 부분이 한국어와 비슷하다. 그 중 몇 가지 예를 들자면 형용사가 명사에 선행한다든지 소유격이 명사에 선행한다든지 전치사 외에 후치사를 쓴다든지(한국어에는 후치사가 있고, 한어는 전치사와 후치사 모두 있다) 등등, 한국어와 비슷한 부분이 꽤 많다. 물론 일부 현상만으로 언어 전체를 다 본 것 마냥 일반화할 수는 없지만 외국어를 배우는 사람의 입장에서는 공통된 부분이 많을수록 배우기가 훨씬 수월한 것은 말할 필요도 없는 일 아니겠는가.

　본서에서 자세히 다루고 있는 단어조성법이나 형태변화법 부분을 보면 글자는 한국어와 다르지만 조어 방식이나 형태 변화의 방식이 한국어와 비슷하여 한국어 화자가 이해하고 습득하는데 무리가 없겠다 싶은 부분이 한 두 군데가 아니다. 어떤 부분은 외견상으로는 한국어와 닮은 구석이 전혀 없는 것 같은데도 해당하는 한국어 표현이 바로 머리에 떠오를 정도로 유사성이 느껴지는 것들이 있다. 이 책을 번역할 때도, 평소에 무심코 썼던 한어 단어의 여러 가지 모습을 새삼 확인하는 즐거움이 쏠쏠했다. 본문에 등장하는 예문 중에 '弄巴弄巴弄坏了'라는 표현이 있다. 이는 '만지작 만지작 하더니 (결국) 망가졌네'라는 뜻으로 '~巴~巴' 부분은 한국어 '~작~작'에 대응된다. 단순히 '만지더니 망가졌네'라고 말하는 경우와 '만지작 만지작하더니 망가졌네'라고 말하는 경우는 말의 느낌이 다르다. 마치 '심장이 뛴다'라는 말과 '심장이 쿵쾅쿵쾅한다'라는 말이 서로 뜻은 같지만, 느낌이 다르고 수사 효과도 다른 것과 마찬가지다. 이런 류의 표현을 출발어의 의미와 느낌을 살려 도착어로 옮길 수 있으면 좋겠지만, 비슷한 대응어가 아예 없는 경우도 많다. 그런데 이 '~巴~巴'는 처음 듣는 찰나 바로 '~작~작'이 떠올랐다. 청각적으로 전혀 낯설지 않고 시각적으로도 낯설지 않았다. '弄巴弄巴'에 한국어 '만지작만지작('조물락조물락'도 있다)'이 연상되었다. 이 부분에 대해서는 아직 심도 있게 연구하지 못했지만 직관적으로 떠오르는 건 북방 언어의 흔적과도 어떤 연관이 있지 않을까 싶다는 생각이다. 물론 그저 단순히 언어간에 나타날 수 있는 이러저러한 공통된 특성 중 하나일수도 있다. 그렇지만 확실히, 언어를 공부하다 보면 어떤 언어가 다른 언어와 오랜 시간을 거쳐 때론 함께 만나 섞이기도 하고 때론 소원한 시절을 겪기도 하면서 서로 많든 적든 영향을 주며 변화하고 발전해간다는 생각이 더 확고하게 체감되는 순간이 있다. 언어에 관심을 가지다 보면 꼭 전문적인 연구를 하지 않더라도 일상에서

18

언어를 관찰하는 소소한 재미를 충분히 느낄 수 있다.

앞에서도 말했듯이 형태론은 형태소와 단어, 통사론은 단어에서 문장까지로 각자 다루는 층면이 다르다. 그렇지만 다루는 층면이 다르다고 하여 이 둘 사이가 완전히 분리되는 것은 아니다. 한 언어의 문법에는 형태론과 통사론으로 두부 자르듯 분명하게 가를 수 없는 부분이 있으며 형태론적인 부분과 통사론적인 부분의 경계에서 의견이 분분한 경우도 있을 수 있다. 또한 언어에 따라 형태론과 통사론의 접합 지점이 좁을 수도 있고 넓을 수도 있다. 통사론과 형태론은 문법의 주요 기둥이 되는 영역이다. 어떤 언어를 제대로 이해하기 위해서는 통사론이라는 굵고 큰 그물과 형태론이라는 가늘고 작은 뜰채가 모두 필요하다. 통사론만으로 한 언어의 모습 전체를 밝히기는 어렵다. 한어 또한 마찬가지다. 한어 어법 체계를 이해하는데 형태론은 기본 바탕이 된다.

기존의 한어 문법서 가운데 형태론을 다룬 것은 상대적으로 적은 편이다. 본서가 한어의 바다를 항해하는 학인들에게 지도 역할을 할 수 있기를 바란다.

陳光磊 선생님을 처음 뵌 것은 1990년대 후반으로 거슬러 올라가는데 직접적으로 인연이 된 것은 나중에 석사 논문 심사에 답변 위원으로 참가하시면서부터이다. 졸업한 후에도 매년 상해의 선생님 댁을 방문할 때마다 선생님은 '우리는 나이를 넘어선 친구야'라고 하시며 항상 따뜻하게 환대해주신다. 차를 마시며 이런저런 이야기를 나누다 보면 금새 몇 시간이 훌쩍 지나고, 어느새 저녁 먹을 시간이 된다. 선생님 내외분은 물론 아들 내외까지 식탁에 둘러앉아 화기애애한 분위기로 웃음꽃을 피운다. 그렇게 또 즐거운 대화를 하고 얼마나 지났을까 이제 집을 나선다. 선생님 댁을 나올 때는 항상 직접 차 타는 곳까지 배웅을 나오시고 지하철을 탈 경우에는 동전까지 챙겨주신다. 지하철 개찰구 저편에서 손을 흔들며 배웅해주시던 선생님 모습이 눈에 선하다. 학자로서 냉철하고 이지적인 모

습과 함께 막내딸을 배웅하는 아버지 혹은 손녀를 배웅하는 할아버지 같은 자상한 모습이 함께 떠오른다. 모쪼록 앞으로도 건강한 모습으로 오래 뵐 수 있기를 바란다.

지난여름 상해에 머물며 번역을 하는 동안 선생님을 여러 번 찾아뵈었다. 매번 뵐 때마다 어휘와 형태 분야뿐 아니라 언어 전반에 대하여 이런저런 값진 대화를 많이 나누었다. 또한 책을 번역하는 과정에서 궁금했던 여러 가지에 대해서도 상세한 답변을 들을 수 있었다. 이제 만두 찜통처럼 뜨겁고 습한 상해에서 노트북 자판을 두드리며 보냈던 시간의 즐거운 노고가 열매를 맺어 이렇게 독자들과 만나게 되었다. 이 책이 한어를 이해하고 문법과 친숙해지는데 좋은 길잡이가 되기를 바란다. 혹, 번역에 미흡한 점이 발견되면 눈밝은 독자들이여, 부디 지적해 주기 바란다.

끝으로 번역 원고가 새 옷으로 단장하고 빛을 볼 수 있도록 흔쾌히 추진해주신 학고방 출판사 하운근 대표님과 명지현 편집자 외 여러분에게 감사드린다.

2017년 1월 2일
책방 虛鏡齋에서, 李鏡兒

제**1**편 한어 형태론의 제방면

제2편 / **한어 단어의 기능적 분류**

일러두기
- 명칭이나 용어 중 일부는 한국어에 어울리는 말로 옮기면서 괄호 안에 원문의 한자를 같이 표기하였다.
- 문법 용어는 가급적 한국식 문법 용어를 썼으나 일부는 필요에 따라 원문에 쓰인 용어를 그대로 사용하고 우리말 독음을 같이 표기하였다.
- 인명은 처음 나올 때만 우리말 독음과 한자를 같이 표기하였다.
- 본문의 인용문(Leonard Bloomfield, 陈望道 등의 저서를 인용한 부분)은 옮긴이가 번역한 것으로 원문(Leonard Bloomfield의 경우 한역본(汉译本))의 해당 페이지를 표기하였다.
- 서명 등 출판물은 아래 기호로 표시하였다.
  책 단행본, 정기 간행물 :《 》, 단행본이나 정기 간행물 중 소논문 제목 〈 〉
- 예시한 중국어 단어 뒤에 한국어 조사가 있는 경우 중국음을 기준으로 조사를 선택하였다.
  예) ‘白’ 뒤에 ‘은’ 대신 ‘는’으로 씀.

제 1 편
한어 형태론의 제방면

어법에서 형태론의 위치

1.1 어법 : 형태론(词法)과 통사론(句法)

1.1.1 어법이란 무엇인가?

언어는 의미가 있는 선형적 서열이다. 사람들이 말하고 듣고 통용되는 문장은 단어라는 언어 단위를 순서대로 조합하여 만든 일종의 언어 배열配列1)이다. 단어를 조합함에 있어서 당연히 일정한 규칙의 제약을 받게 되며 그렇지 않으면 문장이 성립되지 않는다. 이러한 제약, 즉 단어와 단어가 결합하여 문장을 이루는 규칙이 바로 어법이다. 바꿔 말하면 어법은 단어를 조합하고 문장을 만들어 뜻을 나타내는 규칙이다.

---

1) 언어 형식(또는 성분)의 배합과 배열을 말하는 것으로써 일정한 언어 조합과 구조 형식을 구성한다. 여러 가지 형식의 의미 있는 배합과 배열은 그 언어의 어법적 특징을 나타낸다. 언어 형식의 배합과 배열은 대체로 다음 몇 가지 방식이 있다 : 순서(순서에 따라 성분 안배), 변조(음조, 강세, 억양 조절 및 배합), 변음(음성 변환), 선택(성분간에 서로 배합하는 선택성). 예를 들어 영어의 duchess(공작 부인)는 duke와 - ess가 이러한 방식으로 배합하고 배열하여 만들어진 복합 형식이다. 명사 duke(공작)는 - ess를 선택하여 배합되었다. - ess는 순서에 있어서 반드시 결합하는 성분의 뒤에 와야 하고, 음조에 있어서 강세를 받지 않으며 음성적으로 보면 duke의 [ju:]는 [ʌ]로 변하고 [k]는 [tʃ]로 변한다. 이러한 점이 바로 어법적 배합과 배열에 나타난 어법 특성이다.

1.1.2 형태론과 통사론

어법은 크게 형태론과 통사론으로 나누어진다(혹은 포함한다고 말한다).

형태론은 단어 구성 및 그 용법에 관한 규칙이다. 단어 구조, 형태 변화, 기능 구분 등을 포함하며 형태론적 규칙이라 부를 수 있다.

통사론은 문장 구성 및 의미 표현에 관한 규칙이다. 단어와 단어의 조합관계, 통사론 성분 구분, 문장 종류와 형식 확정하기 등의 내용이 포함되며 통사론적 규칙이라 부를 수 있다.

형태론적 규칙은 형태소와 단어 층면에 속하는 것이고 통사론적 규칙은 단어부터 문장까지의 층면에 속하는 것이다. 이 둘은 서로 다른 층면에 놓여 있지만 또한 서로 의존적이기도 하다. 이들 규칙은 여러 가지 어법적 배열 속에 통일적으로 존재한다.

1.1.3 어법 연구의 완전성

어법이 형태론과 통사론, 두 부분으로 나뉘게 된 것은 결코 우연이 아니다. 여기에는 언어 구조 체계에 대한 사람들의 인식이 반영되어 있다. 즉 어법은 언어 구조를 분석하고 그 특징을 파악하여 얻어낸 것이며, 단어와 문장, 이 두 가지 언어 단위를 주축으로 삼고 있다. 사람들은 의사 소통을 할 때 문장을 표현 단위로 삼으며, 문장은 단어를 기본 단위로 하여 구성된다. 사실상 어떤 언어를 배울 때 관건은 그 언어의 단어를 사용하여 그 언어의 어법에 맞는 문장을 만드는 방법을 배우는 데에 있다. 이렇게 보면 어법은 형태론과 통사론의 총화이며 형태론 연구와 통사론 연구가 어법 연구라는 한 폭의 완전한 그림을 만들어 낸다는 것을 알 수 있다.

1.2 형태론 연구의 중요성

1.2.1 형태론은 어법의 필수 성분이다

형태론은 어법에 반드시 필요한 성분이다. 단어의 어법 성질과 특징을 구체적으로 깊이 있게 이해하지 않고서는 문장 구조의 규칙을 충분히 설명해 낼 수가 없다. 물론 사람들이 어법에 주의하는 것은 궁극적으로는 문장을 만들어 의미를 나타내기 위해서이며, 형태론을 말하는 것은 결국 통사론, 즉 어떻게 단어를 조합하여 문장을 만들어 내는지를 설명하기 위해서이다. 이러한 의미에서 형태론은 통사론을 돕는 것이라 말할 수 있다. 또한 형태론 연구는 통사론 연구를 하는데 기초를 다지고 길잡이 역할을 한다고 말할 수 있다. 그러므로 형태론 연구와 통사론 연구는 서로 보완하고 협조하여 조화롭게 진행되어야 하며 어느 한 쪽도 소홀히 해서는 안 된다.

1.2.2 형태론은 통사론만큼 중요하다

형태론 연구는 어법 연구에서 중요한 위치를 차지하고 있으며 중시되어야 마땅하다. 형태론은 통사론과 마찬가지로 언어가 배열되는 구조 규칙과 특징을 나타낸다. 또한 서로 다른 언어 사이에 나타나는 어법상의 차이가 통사론보다 형태론에서 더 두드러지게 나타난다고 말할 수 있을 정도이니 더욱 주의 깊은 연구가 필요하다.

블룸필드Bloomfield는 "각종 언어의 차이는 통사론에서보다 형태론에서 더 크다"라고 명백하게 밝혔다. 블룸필드가 이렇게 단정한 것은 다음 두 가지 견해[1]에 근거하고 있다.

---

1) Leonard Bloomfield, 《语言论》汉译本, p.256, 商务印书馆, 1980.

어떤 언어에서 형태론이란 구성 성분내의 구조에 의존형식이 나타나는 것이다.

일반적으로 형태 구조가 통사 구조에 비해 더 복잡(정교)하다.

물론 블룸필드는 인도-유럽어의 관점에서 착안한 것이므로 그가 말한 형태론은 단어의 형태변화법과 구성법에 중점을 두고 있다.

진망도陳望道 선생도 다음과 같이 블룸필드와 같은 의견을 피력했다.

> 보편성과 특수성이라는 면에서 볼 때, 단어는 구성 조직에 특수성이 있으며 문장은 구성 조직에 보편성이 있다. …… 문장론의 내용은 서로 다른 언어에서도 심한 차이가 없어 빌려 쓸 수 있다. 반면 형태론의 내용은 서로 심한 차이가 있을 수 있으므로 각각 따로 해결하지 않으면 안 된다. 어떤 언어를 연구하든 이를 첫 번째 난관으로 생각하고 헤쳐 나갈 수밖에 없다.[1]

陈望道 선생이 말한 형태론은 한어의 언어 현실을 아우르고 있으며, 품사 분류에 주안점을 두고 있다.

이렇게 두 언어학의 대가가 형태론은 통사론에 비하여 특징이 많다는 점을 동일하게 지적하였으며 형태론 연구의 중요성을 제창하였다. 이러한 의견은 의심할 여지없이 정확하며 우리가 받아들여 고려할 만한 가치가 있다.

---

1) 陈望道, 〈从分歧到统一〉,《中国文法革新论丛》 p.106, 中华书局, 1958.

1.3 한어 형태론 연구의 심화

1.3.1 한어에 형태론이 있는가?

인도 - 유럽어 계통의 언어에서는 일반적으로 단어에 모두 형태 변화가 있으며, 이는 형태론 연구의 주요 내용이 되었으므로 유럽의 전통 어법에서는 통상적으로 형태학이라는 용어를 사용해왔다. 이 때문에 어떤 사람들은 한어 단어에는 인도 - 유럽어와 같은 형태 변화가 없으며 단어는 고립성을 띠고 있으므로 한어 어법에는 형태론은 없고 (형태론이 없으니 단어의 규칙을 논할 수도 없음) 통사론만 있다는 견해를 갖고 있다.

인도 - 유럽언어학에서 품사 문제 연구는 일반적으로 단어의 형태 구조 연구에 포함되기 때문에 형태학 연구에서 다루는 경우가 많다. 이런 이유로 어떤 사람들은 한어에는 인도 - 유럽어와 같은 형태가 없으니 품사라고 할 만한 것도 별로 없다고 여기기도 한다. 심지어 어법에서 품사는 겉껍데기일 뿐이라 여기기까지 한다. 이리하여 형태론에서 중요한 내용이 되는 품사 문제에 대한 마땅한 인식이 크게 부족하게 되고 연구도 충분히 이루어지지 않았다.

이런 관점과 태도는 한어 형태론에 대한 일종의 부정과 무시라고 말해도 무방할 것이다. 그러면, 한어에 인도 - 유럽어와 같은 형태 변화가 없다는 것은 한어에 형태론이 없다는 말인가? 한어에 인도 - 유럽어와 같은 형태 구조가 없다는 것은 한어에 형태 특징이 없다는 말인가? 한어에는 인도 - 유럽어와 같은 형태론적 내용이 없는데 한어 자체의 형태론적 규칙이 있는가? 만약 있다면 형태론을 소홀히 한 것과 실제가 부합하지 않는다는 얘기가 된다. 한어에는 한어 나름대로 단어의 구성 방식과 형태 특징이 있고 기능 분류도 있다. 그러므로 한어에는 한어의 형태론이 있는 것이며 이것은 한어 어법을 구성하는 중요한 부분이라고 할 수 있다.

1.3.2 한어 형태학의 임무

현재 한어 어법 연구는 나날이 중시되고 끊임없이 발전되고 있다고 말할 수 있지만, 앞으로도 더 강화되고 심화될 필요가 있다. 한어 형태론 연구의 임무는 한어 단어의 어법 성질과 특징, 즉 단어구성법, 형태변화법, 기능 및 품사 체계의 성질과 특징을 연구하는 것이다. 형태론적 성질과 특징을 밝혀 보이는 것은 한어 어법의 실제 면모를 더 잘 이해하는데 도움이 될 것이다.

형태소(语素)와 단어(词)

2.1 형태소

2.1.0 어법단위

언어 구조를 어법적으로 분석하고 구조의 구성 성분을 나눌 때 이들 구성 성분이 어떤 단위인지 단계에 따라 확정하게 된다. 한어에서 어법의 구조 단위는 통상적으로 형태소, 단어, 구, 문장으로 나누어진다. 이 네 가지는 배열 순서 자체에 층차가 있다.

형태소 < 단어 < 구 < 문장

문장은 서술의 기본 단위이고 단어는 문장 구성의 기본 단위이다. 형태소는 단어 구성의 기본 단위이고 구는 통사 구조의 중간 단위이다. 어법의 영역을 문장 이상까지 확장하면 문장보다 한 층 높은 단계인 텍스트 같은 단위가 된다.

2.1.1 형태소는 최소 어법단위

형태소는 음성과 의미를 가진 가장 작은 언어 성분이며 어법의 가장 작은 구조 단위이다.

> 예 他们都去看电影了。

이 문장을 분석하면 최소 음의音义결합체는 8개이다. 즉 '他, 们, 都, 去, 看, 电, 影, 了' 이렇게 8개의 형태소이다. 이들 각각은 어법 분석의 가장 작은 단위이자 가장 기본적인 단위이다.

2.1.2 형태소 측정

형태소는 통상적으로 동형대체법[1)]으로 확정한다. 즉 어떤 음의결합체가 구조 안에서 어떤 기능을 하는지를 비교 분석한다.

> **예** 精密   精密
>   严密   精细
>   亲密   精明
>   紧密   精确

대체 및 비교의 방식으로 '密'와 '精'은 한어에서 각각 하나의 형태소임을 확정할 수 있다. 이음절로 구성된 '玻璃'와 '琉璃'같은 경우를 보면 '玻'와 '琉'는 대체될 수 있을 것처럼 보이나 '玻', '琉', '璃' 이들 각각은 의미를 갖고 있지 않으며 이들을 대신할 수 있는 다른 음절도 없으므로 '玻', '琉', '璃' 하나하나를 형태소로 볼 수 없다. 따라서 '玻璃'와 '琉璃'는 그 자체로 하나의 형태소이다.

---

1) 동형대체법은 언어 구조 내부에서 기본 단위를 분석하고 확정하는 방법이다. 예를 들어 '我吃饭'이라는 구조의 '吃'를 '他~面', '猴儿~花生'등 '我吃饭'과 같은 형식의 다른 문장에 놓는다. 혹은 품사가 같은 다른 성분으로 '吃'를 대체한다. 예를 들어 '吃' 대신 '盛', '煮'를 '我~饭'에 넣어 '我盛饭' , '我煮饭'등 '我吃饭'과 같은 형식의 구조를 만든다. 이처럼 대체와 비교를 하는 방식으로 '吃'가 한어에서 하나의 기본 단위임을 판단할 수 있다. 동형대체법은 陆志伟가 처음 만든 것으로 한어의 형태소를 식별하는데 유효한 방법이다.

2.1.3 한어 형태소의 음성적 특징

한어 형태소의 뚜렷한 특징 중 하나는 한어 형태소는 기본적으로 단음절이라는 점이다. 글자 하나가 하나의 형태소인 경우가 대부분이다. 물론 아래의 예처럼 이음절 형태소와 다음절 형태소도 있긴 있으나 매우 드물다.

> 예 枇杷　琵琶　疙瘩　仿佛　犹豫　荒唐　劈啪　沙发
> 巧克力　苏维埃　布尔什维克　丁零当郎

일반적으로 삼음절 이상인 형태소는 대부분 다른 민족의 언어에서 음역하여 온 것이거나 의성사이다.

단독으로 음절이 될 수 없는 형태소는 개별적으로 몇 가지 상황이 있을 뿐이다. 예를 들어 접미사 '儿'과 '们', '么'의 몇 가지 변형된 형태가 있다.

'骆驼', '乒乓'등 어떤 형태소는 이음절이지만 그 중 하나가 단음절 형태소로써 다른 형태소와 만나 단어를 조합한다.

> 예 驼毛　驼绒　驼峰　驼背
> 乒坛(乒坛健儿)　乒联(世界乒联)

여기에서 '骆', '乒'도 형태소인 것처럼 보이는데 이는 한어의 약칭 방식과 관련이 있으며, 또한 한어 단어가 이음절을 주요 절주로 삼는다는 것과도 관련이 있다.

2.1.4 형태소의 동일성

형태소에는 음성, 의미와 기능이 있다. 형태소가 동일하면 일반적으로 음성, 의미, 기능이 동일하다고 볼 수 있다. 음성, 의미, 기능

중 하나가 뚜렷하게 다르다면 형태소가 동일하지 않은 것이다.

어떤 음성 형식(음절)이 여러 개의 의미를 갖고 있고 이 의미 간에 관련이 있거나 모두 하나의 핵심 의미와 관련되어 있다면 이 음성 형식은 하나의 형태소이다.

예 门开了　开花了　车开了　水开了

위에 예시한 조합에서 '开'의 의미는 각각 다르지만 모두 다 한 가지 핵심 의미와 관련되어 있다. 모두 모종의 정적이고 안정된 상태에 변동이 일어난다는 의미를 나타내고 있다. 따라서 위의 네 가지 '开'는 모두 같은 형태소이며 동일성을 띤다고 할 수 있다.

만약 동일한 음절의 언어형식이 가진 몇 가지 의미가 서로 관련이 없다면 이들은 동일 형태소가 아니고 단지 동음 형태소이다.

예 木料　材料　资料　料子　(甲)
　　料想　料及　预料　不料　(乙)

위에 예시한 (甲), (乙)두 개 조에서 '料'는 의미상 서로 관련이 없으므로 같은 형태소가 아니라 단지 음이 같은 두 개의 형태소일 따름이다.

만약 음절 형식이 같고 의미도 서로 관련이 있으나 기능이 서로 다르다면 이 또한 동일한 형태소가 아니다.

예 用铜锁₁把门锁₂上了。
　　这把钢锯₁可以锯₂木头吗?

위 문장에서 '锁₁'과 '锁₂', '锯₁'과 '锯₂'는 서로 의미상 관련이 있지만 '锁₁'과 '锯₁'은 명사 기능을 갖고 있고 '锁₂'와 '锯₂'는 동사 기능을 갖고 있어 기능이 명확하게 다르다는 것을 알 수 있다. 또한 이러한 차이는 이들이 의미 유형상 각각 나타내는 도구 의미와 동작 의미의 구별과도 서로 대응된다. 따라서 이들 또한 두 개의 동음 형태소라고 보아야 마땅하다.

2.1.5 형태소 분류

형태소는 여러 기준으로 분류할 수 있다.

(1) 단음절 형태소(单音语素)와 다음절 형태소(复音语素)

(2.1.3절과 같은 내용.)

(2) 자립형태소(自由语素)와 의존형태소(粘附语素)

자립형태소란 단어로서 홀로 문장을 이룰 수 있는 형태소를 말한다.

> 예 人　笔　我　去　红　玻璃

의존형태소란 단어가 아니며 홀로 문장을 이룰 수 없는 형태소를 말한다.

> 예 民　丽　维　就　更　呢

(3) 정위형태소(定位语素)와 부정위형태소(不定位语素)

정위형태소란 다른 형태소와 조합하여 어떤 구조를 형성할 때 앞 혹은 뒤로 위치가 정해진 형태소를 말한다. 예를 들어 정도를 나타내는 '更', '挺'은 앞에만 올 수 있으므로 전치정위형태소라 부르며 어기를 나타내는 '吗', '呢', '吧'는 뒤에만 올 수 있으므로 후치정위형태소라 부른다. 전치정위형태소는 절대 문장 끝에 올 수 없고, 후치정위

형태소는 절대 문장 앞에 올 수 없다. 부정위형태소란 위치가 고정되어 있지 않은 형태소를 말한다. 예를 들어 '言'은 앞에 올 수도 있고(言论) 뒤에 올 수도 있다(方言).

정위형태소는 모두 의존형태소이나 부정위형태소는 자유형태소인 것도 있고 의존형태소인 것도 있다.

(4) 실소(实素)와 허소(虚素)

실소는 실질적인 의미가 있는 형태소를 말한다.

> 예 文　丽　烈　银　琵琶

허소는 실질적인 의미가 없이 허화된 의미만을 나타내는 형태소를 말한다.

> 예 老(老师、老虎)　第(第一、第十章)　子(桌子、帽子)
> 儿(鱼儿、信儿)　们(同学们、他们)

단어의 구조 분석적 측면에서 보면 실소는 어근이고 허소는 접사이다. (자세한 내용은 3.3절에)

(5) 성사형태소(成词语素)와 부성사형태소(不成词语素)

성사형태소란 단독으로 단어가 될 수 있는 형태소를 말하며, 독립성 형태소라고도 부른다.

> 예 书　人　你　大　好　来　很　最　吧

부성사형태소란 단독으로 단어가 될 수 없고 단어의 구성 성분으로만 쓰이는 형태소를 말하며 비독립성 형태소라고도 부른다.

예 语 民 伟 晰 宏

성사형태소는 자립형태소인 경우도 있고, 의존형태소인 경우도 있다. 부성사형태소는 모두 의존형태소이다.

2.2 단어

2.2.1 단어란 무엇인가?

(1) 단어는 문장에서 독립적으로 활동할 수 있는 기본 단위이다

현대한어의 단어는 어떤 언어단위인가? 빈틈없이 완벽한 정의는 아직 내리지 못하고 있지만, 일반적으로 문장에서 독립적으로 활동할 수 있는 기본 어법단위를 단어라고 한다. 다음 예를 보자.

예 他们是优秀营业员。
学习新本领

첫 번째 문장에서 독립적으로 활동할 수 있는 기본 단위는 '他们', '是', '优秀', '营业员' 이렇게 넷이다. 두 번째 에서 독립적으로 활동할 수 있는 기본단위는 '学习', '新', '本领', 이렇게 셋이다.

(2) '독립적으로 활동한다'의 의미

독립적으로 활동할 수 있다는 말은 언어단위가 어떠할 때를 말하는가? 이것은 두 가지 측면으로 나타난다.

첫째, 단독으로 말할 수 있다, 즉 문장이 될 수 있다. 예를 들어 '谁?'라는 물음에 '我'라고 대답하는 경우이다. 또 '红不红?'이라는 물음에 '红'이라고 대답하는 경우이다. 이처럼 단독으로 말할 수 있는 최소 단위(형태소)는 모두 단어이다.

둘째, 단독으로 쓰일 수 있다. 단독으로 말할 수 있는 것은 모두 단독으로 쓰일 수 있지만, 단독으로 쓰일 수 있는 것이 반드시 단독으로 말할 수 있는 것은 아니다. 단독으로 쓰인다는 것은 다른 언어단위에 의존하지 않고 통사 기능을 할 수 있는 위치에 들어갈 수 있음을 의미한다. 즉 구조적 성분이 될 수 있다는 뜻이다. 다음 예를 보자.

예 都　已经　高射　新型

이들 언어단위는 단독으로 말할 수 없지만 통사 기능을 할 수 있는 위치에 들어가 '大家(都/已经)来了', '这是一挺(高射/新型)机关枪' 등과 같이 쓰일 수 있다. 이처럼 단독으로 쓰일 수 있는 것은 모두 독립적으로 활동할 수 있는 능력이 있으며 단어라고 말할 수 있다.

(3) 보충 규정

앞에서 '단어는 문장에서 독립적으로 활동할 수 있는 기본 어법단위이다'라고 하였는데 모든 단어에 적용되는 말은 아니다. 예를 들어 '你不去吗?' 같은 문장에서 '吗'는 단독으로 말할 수도 없고 단독으로 쓰일 수도 없으며 다른 언어단위에 의존해서만 문장 안으로 들어올 수 있다. 하지만 일반적으로 이것도 단어라고 본다. 이에 대해서는 보충 규정이 있다. 단어라고 이미 확정된 것을 문장에서 제외한 후 남은 어떤 단위가 독립적이지도 않고 어떤 단어의 일부인 것도 아닐 경우, 그것도 단어의 신분을 갖게 된다. 허사는 바로 이런 방식으로 정해진 부류이다.

(4) 단어의 의미 특징

일반적으로 단어의 의미에는 특정성이 있다. 다시 말하자면 단어의 의미는 단순히 구성 성분의 의미를 더한 것이 아니다. 예를 들어 '电脑', '电视'의 의미는 '电+脑', '电+视'식으로 기계적으로 결합한 것이 아니다. 한 단어의 의미는 구성 성분의 의미가 '화합化合'된 것이다. 이는 복합어와 구의 의미 차이를 구별하는데 도움이 된다.

의미상의 특정성이 단어를 변별하는 주요 기준이 될 수는 없는 이유로 다음 두 가지를 살펴 볼 수 있다.

첫째, 의미상 특정성이 있는 것이 반드시 단어인 것은 아니다. 관용적으로 사용하는 구이거나 성어일 수도 있다. 예를 들어, '开后门', '打秋风', '碰钉子', '吹牛皮', '百家争鸣', '生龙活虎', '精益求精'등은 단어가 아니다.

둘째, 단어의 각 구성 성분의 의미가 그대로 더해지는 방식으로 만들어진 단어도 적지 않다. 아래와 같은 예를 들 수 있다.

> 예 高大 = 高 + 大
> 细微 = 细 + 微
> 应当 = 应 + 当
> 最初 = 最 + 初
> 重要 = 重 + 要
> 贫穷 = 贫 + 穷

이 외에, 어떤 단어는 다음 예처럼 단어를 구성하는 성분의 의미가 배합되어 의미가 만들어진다.

> 예 合理 = '合'乎道'理'
> 低沉 = '低'而且'沉'
> 联系 = '联'而相'系'

위에서 살펴본 바로 알 수 있듯이, '각 형태소의 의미가 결합되어 전체 의미를 이루는 형태소 조합은 단어가 아니다'라고 간단히 말할 수는 없다.

(5) 한어 단어의 음성 특징

하나의 단어는 음성적으로 연속성을 띠며 일반적으로 형태소가 단어를 이룰 때 형태소 사이에는 원칙적으로 음성적 휴지가 없다. 이 점이 단어의 음성적 표지가 된다. 예를 들어 '非常/勇敢'은 넓은 의미에서 말하면 연속성이 있지만 다시 '非常'과 '勇敢'으로 나눌 수 있다. 하지만, '非常'과 '勇敢'은, 각각의 어법 단위 내에서 형태소를 분리하여 '非/常'과 '勇/敢'으로 나누어 읽을 수는 없다. 이처럼 단어의 내부 성분에는 음성적 휴지가 없다는 것을 알 수 있다. (한어에는 단어를 구분하는 형식적인 표지나 근거가 될 만한 명확한 음성 규칙이 따로 있지 않다.)

현대 한어에서 단어의 음절 구조는 2음절 형식이 주를 이룬다. 한어 단어를 분석할 때는 이 점에 유의해야 한다. 2음절 단어의 음률 배치는 전경후중前轻(非轻声)后重이거나 전중후경前重后轻(轻声) 두 가지 뿐이다. 전경후중의 예로는 '起初', '拒绝', '博士', '城外'등이 있고, 전중후경의 예로는 '东西', '炒蛋', '挑剔', '知道', '乡下', '疙瘩', '干净', '棉花', '看见', '椅子', '信儿'등이 있다. 전중후경인 것이 전경후중인 것보다 상대적으로 많은 편이다.

2.2.2 단어와 비단어의 경계

(1) 단어의 양쪽 경계

단어는 조각으로 이루어진 언어의 구조를 분석함으로써 나오게 되는데, 어떤 언어 단위가 단어인지 아닌지는 그 구조와 기능상의 특징을 보고 확정한다. 즉, 어떤 형태의 구조가 통사 구조가 아니라 단어

구조인지, 어떠한 기능이 형태소와 통사 구조에는 없고 단어에는 있는지 등을 살펴 가리게 된다.

단어에는 양쪽 경계가 있다. 첫째, 단어가 되는 형태소와 단어가 안 되는 형태소를 어떻게 구분할 것인가, 즉 어떤 하나의 형태소가 단어인지 단어의 구성 성분인지를 어떻게 판단하고 확정할 것인가의 문제이다. 둘째, 단어를 이루는 형태소 조합과 단어보다 큰 형태소 조합을 어떻게 구분할 것인가, 즉 복합어와 구를 어떻게 구분할 것인가의 문제, 어떠한 형태소 조합이 통사 구조가 아니라 단어 구조인지를 확정하는 문제이다.

한어에는 형태소, 단어, 구를 구분할 형태상의 명확한 표지가 없고, 한어의 단어 구조와 통사 구조의 구성 규칙이 일치하는 부분이 많아서 단어와 비단어의 경계가 모호한 경우가 많으며 단어의 경계를 정하기도 상당히 어렵다. 그렇지만 한어에서 단어라는 단위를 확정 짓는 것은 꼭 필요한 일이며 또한 가능한 일이기도 하다.

(2) 단어와 형태소의 경계 구분

일반적으로 어떤 형태소(语素)가 문장에서 독립적으로 쓰일 수 있다면 이것은 단어이고, 독립적으로 쓰일 수 없다면 단어가 아니라 단어의 구성 성분이다. 단어의 구성 성분으로 쓰일 때의 형태소를 가리켜 단어소(词素)[1]라고 특칭한다. 한어에는 언어 구조 안에서 시종일관 독립적으로 활동하지 못하고 어떠한 상황에서도 단어가 되지

---

1) 한어에는 영어 'morpheme'의 번역어로 词素와 语素가 있다. 전통언어학자들은 '词素'를 많이 썼으나 구조주의 언어학이 큰 흐름을 이루게 되면서 '语素'를 많이 쓰게 되었다. 보통은 형태소라는 의미로 词素와 语素가 통용되지만 본서에서는 이 둘을 구별하여 语素(형태소) 중에서 독립적으로 단어가 될 수 없으며 단지 단어를 이루는 구성 성분일 뿐인 형태소를 词素라고 부른다. '단어를 이루는 구성 성분'이라는 특성을 살려 단어소라 번역하였다. (역주)

못하는 형태소 부류가 있는데 이들은 단어소일 뿐이다. 아래에 예시한 형태소 모두 단어와의 경계가 분명하다.

> **예** 宏 丽 伟 贤 辉 历 睛 英 楚
> 烈 肃 扩 始 务 式 型 们

그런데 동일한 형태소가 어떤 조합에서는 단어이고, 어떤 조합에서는 단어소인 상황이 훨씬 많다. 예를 들어 '人'은 '许多人', '欺人', '局外人' 같은 조합에서는 단어이지만, '老好人', '主人', '法人', '人民', '人品' 같은 조합에서는 단어소이다. '人'은 단어와 단어소 신분을 겸하고 있다. 이와 같이 동일한 형태소가 단어이면서 단어소이기도 한 상황은 현대 한어에 보편적으로 많이 나타나는 현상이다. 일반적으로 이들이 자립형태소와 조합하여 독립적인 단위가 될 경우, 이 조합은 단어이며 이들 자신은 단어소이다. 예를 들어 '匠人', '伟人', '愚人', '盲人', '人民', '人质', '人员', '人格'등은 단어이며 이들 조합에서 '人'은 단어소이다. 이들이 자립형태소와 조합할 경우에는 두 가지 가능성이 있다. 그 중 하나는 '红人', '阔人', '能人', '诗人', '爱人', '熟人'같은 복합어를 이루는 것이고, 또 다른 하나는 '欺人', '害人', '知心人', '许多人'같은 구를 이루는 것이다. 이처럼 두 가지를 겸하는 현상 때문에 어떤 경우에는 이들이 단어인지 단어소인지 갈등하게 된다.

> **예** 介绍人 负责人 掘墓人 宣誓人 经纪人
> 人皮 人头 人骨 人心 人肉 人脑

위에 예로 든 조합에서 '人'이 단어인지 단어소인지에 대해서는 다른 의견이 있을 수 있다. 단어이든 단어소이든 각각 나름의 이유가 있을 것이다. 우리는 이러한 조합을 단어로 보고 있으며, 통사분석을 할 때는 이것이 좀 더 편리할 수 있다.

또 어떤 형태소는 다른 언어 영역이나 상황에서 쓰임이 다르게 나타나는 경우가 있다. 예를 들어 '氧', '氯'는 일상 언어에서는 '氧气', '氯气'라고 하지 '氧', '氯'라고 독립적으로 쓰이지 않지만, 화학에서는 단독으로 쓰일 수 있다. '鼠', '虎'도 일상 언어에서는 '老鼠', '老虎'라고 하지 홀로는 쓰이지 않지만, 동물학에서는 단독으로 쓰일 수 있으며, '谈虎色变', '投鼠忌器'처럼 성어에서도 홀로 쓰일 수 있다. '语', '言', '民'은 일반적인 상황에서는 홀로 쓰이지 않지만 일부 성어와 관용적 형식에서는 홀로 쓰인다. 예를 들어 '一语道破', '无言以对', '为民除害' 등 조합에서는 단어의 신분이다. 그러므로 형태소가 나타나는 일반적 상황과 특수한 상황을 분명히 구분해야 하고, 또 일상적인 용법과 특수한 용법도 분명히 구분해야 한다. 위에서 예로 든 '氧', '氯', '鼠', '虎', '语', '言', '民' 등은 일반적, 일상적 상황에 근거하면 비독립성 형태소, 즉 단어소로 볼 수 있다.

(3) 복합어와 구의 경계 구분

복합어와 구의 경계 구분이 어려운 기본적인 이유는 한어 복합어는 대부분 통사적인 방법으로 만들어지기 때문이다. 경계 구분의 주요 방법으로는 어떤 형태소 조합에 다른 성분이 들어가 동형 구조로 확장될 수 있는지를 보는 확장법이 있다. 확장될 수 있는 것은 구이고, 확장될 수 없는 것은 단어이다. 이 방법으로 대부분의 단어를 구분할 수 있다. 다음 예를 보자.

> **예** i) 快乐　宏伟　钢笔　开关　动员　偶然　说明书　红绿灯
> 　　ii) 新笔　动手　快吃　很好　点灯　认真学

예i)은 확장될 수 없으므로 단어이다. 예ii)는 아래와 같이 확장될 수 있으며 이들은 모두 구이다.

> **예** 新的笔　动了手　快快地吃　很不好　点盏灯　认真地学

이러한 확장법은 성분분석법과 함께 쓰일 수 있다. 성분분석법은 어떤 형태소 조합의 각 형태소의 성질을 분석하여 이 형태소 조합이 단어인지 구인지 판단하는 방법이다.

일반적으로 조합 내부의 각 형태소가 모두 독립적으로 단어가 될 수 없고 확장될 수도 없는 경우, 이러한 조합은 단어이다.

> **예** 宏伟　壮丽　偶然　辉煌　激烈
> 　　敏锐　研究　扩展　民航　企业

형태소 조합에 비독립성 형태소가 포함되어 있는 경우, 일반적으로 확장될 수 없으며 이러한 조합 또한 단어이다.

> **예** 飞机　预料　分析　明晰　首先　寒暑表　人造革　日用品

위의 예에서 밑줄이 쳐진 것은 단어가 될 수 없는 형태소이다. 그러나 다음에 예시하는 것처럼 어떤 조합은 비독립성 형태소를 포함하고 있으면서도 확장될 수 있다.

> **예** 洗澡 → 洗个冷水澡　澡已经洗好了
> 　　吵架 → 吵过一次架
> 　　上当 → 上了他的当　这个当上得太大了

위 예에서 '澡', '架', '当'은 비독립성 형태소로써 목적어가 동사에 의존하는 긴밀한 관계(宾不离动)를 이루고 있다.[1] 확장될 수 있는 것을 보면 구인 것처럼 보이지만 '澡', '架', '当'은 등은 독립적으로 단어가 될 수 없다. '洗澡'류의 조합은 상당히 고정된 표현으로 '분리성 단어' 혹은 '이합사'라고도 부른다. 또한 이 외에 형태소 둘 다 독립적이지 않지만 확장될 수 있는 조합도 있다. 이런 경우도 '분리성 단어'이다.

> 예 鞠躬
> 鞠一个躬
> 躬也没鞠就走了

　이러한 확장법은 형태소 조합의 전체 기능 측정법과 결합될 수 있다. 동일한 형태소 조합이 의미 내용상 혹은 통사 기능 위치상으로 볼 때는 단어인데, 다른 의미 내용상 혹은 다른 통사 기능 위치상으로는 구가 될 수도 있다. 예를 들어 '红花'는 약재를 말하는 경우에는 확장될 수 없으며 단어이다. 하지만, 일반적인 빨간색 꽃을 말하는 경우에는 '红的花'로 확장될 수 있으며 구이다. 다른 예로, '炒蛋'은 동목 관계로 보면 구가 되고, 편정 관계로 보면 단어가 된다. 또 '头疼'은 '头很疼'에서는 통사적 기능상 구이지만, '这件事叫人很头疼'에서는 단어이다. 실제로 '红花', '炒蛋', '头疼'등 조합의 전체적인 기능을 보고 그것이 단어인지 확정하게 된다. 한어에서는 이처럼 동일한 형태의 형태소 조합이 '단어'와 '구'에 속하는 상황이 적지 않으므로 반드시 주의해야 한다.
　위에서 말한 방법은 한어의 복합어와 구를 구분하는데 유용하다는 것을 알 수 있으나, 복합어는 구조적으로 여러 가지 다양한 유형이 있으므로 이 방법은 결코 완벽하거나 충분하다고는 할 수 없다. 서로 다른 구조 유형에 대해 복합어와 구의 경계를 구분하는 문제는 난이

---

1) '宾不离动'은 목적어로 쓰인 형태소가 동사를 떠나 독립적으로 단어가 될 수 없음을 의미함. (역주)

도가 다르다. 예를 들어 아래 '동보식'의 형태소 조합은 구인지 복합
어인지 아직도 쟁론이 많다.

> 예 搞好　看见　弄坏　扩大　打倒　推翻　做完
> 　　说明白　洗干净　拿起来　讲下去　打扫好
> 　　打扫干净　讨论下去

　이와 관련된 내용은 뒤에서 단어구성법과 형태변화법을 논할 때
다시 토론하기로 한다.

한어의 단어구성법(构词法)

3.1 단어구성법(构词法)과 단어조성법(造词法)

3.1.1 두 술어는 각각 의미하는 바가 다르다

구사법과 조사법[1], 이 둘은 서로 통용되는 경우가 많은데 둘 다 새로운 단어를 만들어 내는 방식을 가리킬 때 쓰이는 용어이다. 본서에서는 구사법(단어구성법)과 조사법(단어조성법)을 구분하여 이 두 용어의 의미를 각각 살리고자 한다.

단어구성법은 형태소로 단어를 구성하는 법칙을 말한다. 이미 만들어진 단어의 구조를 어법적으로 분석하고 형태소가 결합하는 방식을 설명한다. 단순어, 파생어, 복합어 등 구조 유형을 분석하는 것이 바로 단어구성법에 속하는 것이다.

단어조성법은 새로운 단어가 형성되는 방법을 말한다. 단어를 만드는데 쓰이는 언어 재료와 수단을 분석하고, 단어가 형성된 원인이나 이유 또는 근거를 설명한다. 일반적으로 한어의 단어조성법은 다

---

1) 구사법과 조사법은 단어를 보는 두 가지 방식이다. 한국어에서도 '구'와 '조'는 '구성构成'과 '조성造成'에서와 같이 둘 다 '이루다, 만들다'의 의미가 있으며 구성, 조성, 형성, 이 셋은 서로 혼용되는 경우가 많다. 원서에서 陈光磊 선생은 구사법과 조사법으로 구분하여 전자는 단어를 구성하는 법칙, 후자는 단어를 조성하는 법칙으로 나누어 설명하고 있는데 이는 陈望道 선생의 관점이기도 하다. 역자는 이러한 관점에 따라 구사법과 조사법을 각각 단어구성법과 단어조성법이라 번역하였다. 다음 장에 나오는 구형법(단어 형태변화법)과 함께 단어를 여러 가지 측면에서 관찰 분석하는 방법이라 할 수 있다. 본서에서는 필요에 따라 '구사법', '조사법', '구형법'이라는 명칭을 함께 사용하였다. (역주)

음과 같이 나눌 수 있다.

(1) 형태론적 단어조성법 : 접사첨가법(阿Q, 念头), 중첩법(猩猩, 往往)

(2) 통사론적 단어조성법 : 주술식(地震, 心悸), 편정식(皮革, 速写)

(3) 수사학적 단어조성법 : 비유법(狮子头, 银燕), 대유법[1](丹青, 红领巾)

(4) 음성학적 단어조성법 : 소리를 모방하여 명명함으로써 단어를 만드는 방법(布谷 : 새 울음 소리 '뻐꾹' → 새 이름 뻐꾸기, 乓乓 : 공 부딪히는 소리 '핑팡' → 탁구공 이름 핑팡구)

(5) 문자학적 단어조성법 : 예를 들어 글자를 분석하여 단어를 만드는 방법(粥을 双弓米라 부름, 丘八로 兵을 가리킴)

(6) 두 가지 이상의 방법을 종합하여 만드는 방법[2]

3.1.2 단어구성법과 단어조성법의 관계 및 구별

단어의 구성은 단어조성법으로 설명할 수도 있고 단어구성법으로 설명할 수도 있다. 예를 들어 '心扉', '雪花', '汗珠'등 이러한 단어는 단어조성법으로 보면 수사학적 비유 형식을 사용하여 만든 것이고, 단어구성법으로 보면 후보식后补式 구조이다. 심지어 어떤 경우에는 단어조성법의 원칙을 제대로 파악하지 못하면 단어 구조를 분석하는

---

1) 원문은 借代, 한국의 代喩에 해당된다. 중국 수사학에서는 借代, 借喩, 转喻로 세분하며 모두 영어의 'metonymy'로 번역된다. '단청(붉은색 안료와 푸른색 안료)'으로 '회화'를 대신하고, '빨간 스카프'로 '소년대원'을 대신하고 있다. (역주)
2) 任学良 《汉语造词法》, 中国社会科学出版社, 1981.

데에도 오류가 생기게 된다. 예를 들어 '瓜分', '鯨吞'등의 단어는 비유의 수사법을 운용하여 만든 것으로, '참외 쪼개듯 그렇게 나누다如剖分瓜那样地分', '고래가 먹이 삼키듯 삼킨다像鯨魚吞食那样地吞'라는 뜻으로 쓰이며, 단어구성법상으로 보면 편정 구조이다. 그런데 만약 단어조성법상의 원리를 확실히 파악하지 못하여 주술식 구조로 판단한다면 이는 단어의 구조를 잘못 분석한 것일 뿐만 아니라 단어의 의미를 정확하게 이해하는 데까지 영향을 주게 된다.

따라서 단어구성법과 단어조성법은 분명하게 구별됨과 동시에 밀접하게 관련되어 있다고 할 수 있다. 단어의 구성을 연구하려면 단어의 조성 원리와 구조 분석 법칙 두 방면에서의 고찰과 분석 및 토론이 필요하다.

학문의 영역이라는 측면에서 보면, 단어구성법은 어법학의 연구 대상이고, 단어조성법은 어휘학의 연구 내용이라 할 수 있다.

3.2 한어 단어구성법의 기본 유형

한어 단어구성법의 기본 유형에는 다음 세 가지가 있다.

(1) 단순어
하나의 형태소(어근)로 구성되어 있다.

> 예 人 水 走 吃 红 高 琵琶 乒乓
> 葡萄 仿佛 犹豫 巧克力 苏维埃

위의 예에서 알 수 있듯이 모두 하나의 독립적인 형태소로 구성되어 있다.

(2) 파생어

파생어는 어근에 접사를 붙여 만든다.

> **예** <u>老</u>师   <u>老</u>虎   <u>老</u>张
> <u>阿</u>婆   <u>阿</u>哥   <u>阿</u>大
> 孩<u>子</u>   房<u>子</u>   疯<u>子</u>   胖<u>子</u>
> 石<u>头</u>   木<u>头</u>   后<u>头</u>   上<u>头</u>
> 刀<u>儿</u>   圈<u>儿</u>   花<u>儿</u>   信<u>儿</u>

위의 예에서 밑줄 친 형태소가 접사이다.

(3) 복합어

어근과 어근을 더하여 만든다.

> **예** 思想   动静   电脑   注意   关心   带头
> 火红   雪白   笔试   口授   瓜分   蚕食
> 证明   看见   纸张   车辆   心虚   霜降
> 计算机   新媳妇   婆婆妈妈

3.3 어근(词根)과 접사(词缀)

3.3.1 어근

단어를 구성하는 성분에는 어근과 접사 두 가지가 있다. 어근은 한 단어의 기본적인 (어휘) 의미를 구성하고 표현하는 구성 성분으로써, 실제적 의미를 가진 형태소(실소实素)이다.

> **예** 石头   竹子   泥巴   信儿   老鼠   阿婆

위에 예로 든 각 단어에서 '石', '竹', '泥', '信', '鼠', '婆'가 바로 어근이며, 이들은 각 단어의 기본 의미를 결정한다. 또 예를 들면,

예 人民　伟大　热爱　学习　生活　美好

위의 예를 보면 '人'과 '民', '伟'와 '大'등은 각각 실제 어휘 의미를 가지고 있는 형태소로써 두 개의 형태소가 만나 함께 한 단어의 의미를 구성하고 있으며, 이들 각각의 형태소는 하나의 어근이기도 하다.

어근은 한 단어를 구성하는데 빠질 수 없는 주요 성분이다. 하나의 단어는 최소한 하나의 어근으로 구성되어 있고, 복합어는 둘, 셋, 혹은 그 이상의 어근으로 구성되어 있다.

한어 단어의 어근은 절대다수가 단음절 어근이다. 한어에서 어근 분류는 주로 고대 한어에서의 용법에 의거한 것이지만, 실제로는 의미에 따라 분류한다고 말할 수 있다. 이러한 분류는 한어 복합어 구성 방식을 분석하고 설명하기 위한 것이며, 크게 명사성인 것, 동사성인 것, 형용사성인 것, 부사성인 것, 수사성인 것 등으로 나눌 수 있다.

3.3.2 접사

(1) 접사란 무엇인가

접사 또한 단어의 구성 성분이지만 실제적인 의미는 없다. 어근에 붙어야 기능을 할 수 있으므로 허소虛素라고 부르며, 단어의 구성 성분으로 쓰이기도 하고, 형태 변화를 나타내는 데 쓰이기도 한다. 접사의 두 가지 기능은 아래와 같다.

(甲) 단어의 의미 유형 표시
(乙) 단어의 어법 기능 표시(품사)

🔲 胖 + 子 ≠ 胖

(의미 유형이 바뀌어 '胖的人'이라는 의미를 나타내게 된다.)

信 + 儿 ≠ 信

(어휘 의미가 바뀌어 '消息'라는 의미를 나타내게 된다.)

위의 예에서 알 수 있듯이 '子'와 '儿', 이들은 어휘 의미에 영향을 주고 있지만, 그 자체로써는 확실한 어휘 의미가 없다. '胖子'는 '胖'과 비교해보면, 어휘 의미가 바뀌었을 뿐 아니라 형용사에서 명사로 바뀌어 의미 유형과 품사 유형이 모두 달라졌다. '子'와 '儿'은 이들이 붙은 단어가 명사임을 명시하고 있다. 어떤 접사는 단어의 의미에는 영향을 주지 않고 단순히 단어의 어법 기능만을 표시한다.

🔲 房子　炉子　木头　砖头　刀儿　瓶儿

위의 단어에서 '子', '头',' 儿'는 어휘 의미에는 아무런 영향을 주지 않으나 이 단어가 명사임을 나타내는 역할을 한다. 또 예를 들자면,

🔲 同志 + 们 → 同志们

读 + 了 → 读了

여기에서 '们'과 '了' 둘 다 어휘 의미에는 영향을 주지 않고 있다. 이들은 구형 접사[1]로써 단어의 어법상의 의미를 나타내는데 쓰이고 있다. 이에 대해서는 형태변화법에서 설명하기로 한다.

총괄적으로 말하자면, 접사는 어근에 붙는 형태소로써, 어휘 의미는 없지만 어법 기능을 가지고 있다.

---

1) 한어 접사는 구사접사(构词词缀)와 구형접사(构形词缀)로 나누어 살펴 볼 수 있다. 본서에서는 따로 구형접사라고 지칭하지 않는 경우 대부분 구사접사를 가리킨다. 구형접사는 형태 변화를 나타내는 접사로써 4장에서 상세하게 다룸. (역주)

(2) 접사의 종류

접사는 단어 안에서의 위치에 따라 다음 세 가지로 나눌 수 있다.

1) 접두사 : 단어의 첫 부분에 붙는 접사.

> 예 阿, 初, 老 등.

2) 접미사 : 단어의 끝 부분에 붙는 접사.

> 예 子, 儿, 头, 巴(泥巴、嘴巴), 得(值得、晓得),
> 于(善于、对于), 然(忽然、突然) 등.

3) 접요사 : 단어의 중간에 끼어드는 접사.

> 예 里(糊里糊涂), 得/不(来得及、来不及) 등.

(3) 접사의 생산력

단어를 구성하는 접사와 어근의 결합력에도 강약이 있어 어떤 것은 생산력이 크고 어떤 것은 그렇지 못하다. 생산력이 강한 접사로는 '子', '儿', '头'등이 있으며 결합면이 넓다. 생산력이 약한 접사는 결합면이 좁은 것으로, 예를 들어 접두사 '初'는 결합할 수 있는 것이 1에서 10까지 열 개의 숫자 밖에 없다. 접미사 '巴'도 결합면이 비교적 좁아서 결합할 수 있는 단어에 제한이 있다. 생산력의 유무를 말할 때 여기에 어떤 절대적인 한계가 있는 것은 아니며 단지 정도 문제를 의미하는 것이다.

3.3.3 준접사(类词缀)

(1) 준접사의 성질

한어에 단어를 구성하는 접사는 그다지 많지 않다. 접두사와 접요사는 특히 얼마 안되고 접미사가 조금 있을 따름이다. 그런데 준접사는 상당히 풍부한 편이다.

소위 준접사라는 것은 접사와 유사한 형태소로써 접사에 비하여 허화虚化 정도가 덜하지만, 어근과 비교했을 때 어근만큼 의미가 실实하지는 않다. 반실반허半实半虚(일반적으로 허>실)의 형태소이지만 복합어를 구성할 때 결합면이 상당히 넓다. 허화 정도는 준접사마다 다르지만 모두 확실히 드러난다. 준접사는 아직 완전히 허화되지는 않은 접사로써 현재도 계속 허화하는 과정에 있는 접사라고 할 수 있다. 즉 일종의 '유접사类词缀', '부접사副词缀', 혹은 '예비접사预备词缀'라고 할 수 있겠다. 한어의 준접사에는 준접두사와 준접미사가 있다.

(2) 준접두사

한어에서 준접두사로 자주 쓰이는 것으로는 다음과 같은 것이 있다.

예 半：~封建　~文盲　~劳动力　~自动　~元音
　　超：~声波　~音速　~高能　~低频　~自然　~短波　~线性(成分)
　　次：~大陆　~贫　~动词　~生矿物　~级(线圈)
　　打：~消　~算　~扮　~量　~滑　~发　~听　~埋伏　~冲锋　~抱不平
　　大：~地　~陆　~海　~众　~街　~军　~娘　~爷　~自然　~丈夫　~饼
　　单：~细胞　~名数　~晶体　~比例
　　反：~比例　~作用　~三角函数　~中子　~质子　~坦克炮　~封建
　　泛：~神论　~美主意

非：~非金属　~非卖品　~对抗性　~法　~条件反射　~名词性(结构)

好：~比　~像　~似　~笑　~看　~办　~受　~意思

可：~爱　~恨　~怜　~取　~见　~靠　~口　~逆　~塑性

类：~人猿　~新星　~地行星　~毒素　~词缀

前：~科学　~资本主义　~总统　~汉　~清

全：~反射　~劳动力　~自动(步枪)　~盛

伪：~军　~政权　~金币　~科学　~君子

小：~朋友　~张　~姐　~弟　~丑　~姑娘　~青年　~市民　~两口
　　~辫子　~菜　~算盘　~商品　~百科　~化肥　~小说　~小班
　　~聪明　~广播

亚：~热带　~硫酸　~健康

有：~劳　~请　~清(一代)　~趣　~益　~害　~意　~心　~限

准：~尉　~将　~宾语　~平原

总：~动员　~工会　~记　~指挥　~参谋部　~校　~店　~会

(3) 준접미사

한어에서 준접미사로 자주 쓰이는 것으로는 다음과 같은 것이 있다.
사람을 가리키는 명사로 쓰이는 것으로는 다음과 같은 것이 있다.

예 夫：大~　船~　农~　车~　懦~

家：画~　作~　文学~　演奏~　书法~　专~　杂~　戏剧~
　　农~　医~　病~　渔~　厂~　船~
　　姑娘~　女人~　老人~

匠：木~　漆~　泥水~　写字~　教书~　巨~

师：~教　画~　讲~　医~　机械~　理发~　会计~　技~　厨~

生：医~　先~　学~　后~　研究~　实习~　自费~

士：兵~　战~　女~　斗~　勇~　护~　医~　卫道~　传教~
　　博~　硕~　学~

员：教~　学~　成~　党~　会~　随~　队~
　　打字~　电话~　卫生~　驾驶~

长：委员~　参谋~　部~　校~　家~

手：歌~　水~　老~　能~　舵~　选~　打~

吹鼓~　刽子~　机枪~

汉：好~　懒~　穷~　英雄~　男子~　门外~

翁：富~　渔~　不倒~

佀：羊~儿　猪~儿　堂~儿

工：瓦~　钳~　电~　月~　长~　短~

星：明~　影~　歌~　笑~　球~

迷：戏~　球~　歌~　棋~　财~　舞~　开会~

族：打工~　上班~　追星~　名牌~　挤车~　教书~

　사람을 가리키는 명사로 부정적인 의미를 띤 것으로는 다음과 같은 것이 있다.

예　佬：阔~　乡巴~　湖北~

鬼：烟~　酒~　色~　懒~　死~

　　　吝啬~　胆小~　冒失~　势利~

　　　机灵~　小~　红小~（이 셋은 원래 낮춰 부르는 말이었는데 친근한 의미로도 쓰이게 됨.）

棍：赌~　恶~　党~

蛋：坏~　笨~　傻瓜~　混~

虫：糊涂~　懒~　昏~　害人~

　이 외에도 명사에 쓰이는 준접미사가 매우 다양하다.

예　观：世界~　艺术~　唯物史~　客~　悲~

论：一元~　相对~　进化~　数~　唯物~　事故难免~

学：数~　物理~　科~　人类~　修辞~

派：乐天~　豪放~　婉约~　学~

界：文艺~　科技~　妇女~　评论~　报~

度：温~　热~　高~　频~　季~

　　　年~　程~　宽~　风~　态~

　　　能见~　新鲜~

率：比~　概~　速~　效~　税~

　　　圆周~　出勤~　成活~　有效~　废品~

气 : 阔~　热~　冷~　暖~　风~

　　 文~　客~　意~　名~　空~

　　 学究~　书卷~　官~　骄~　勇~　才~

类 : 门~　部~　种~　丑~　肉~　哺乳~　两栖~

品 : 成~　果~　商~　作~　食~　物~　毒~

　　 消费~　军用~　殉葬~　处理~

种 : 军~　品~　工~　剧~　语~　兵~　人~

件 : 邮~　元~　附~　文~　构~　零~　标准~

具 : 用~　炊~　雨~　玩~　道~　工~　器~

子 : 分~　原~　粒~　胶~　量~　光~

化 : 绿~　美~　净~　同~　工业~

　　 现代~　中国~　经常~　民族~　大众~　规范~

　　 (이는 영어의 동사화 접미사 'ize'를 번역하면서 '~로 되다, ~로
　　 변하다'라는 뜻으로 널리 쓰이기 시작한 것이라고 본다.)

性 : 普遍~　片面~　可能~　能动~　正确~　党~　纪律~　共同~

　　 酸~　黏~　弹~　硬~　柔~

　　 阵发~　开放~　大陆~　海洋~　迁延~

　　 (이는 영어의 명사화 접미사 'ness'를 번역하면서 쓰이기 시작하
　　 였을 것이다. 성질이나 상태를 나타내는 추상 명사를 만들지만,
　　 접미사 '性'이 붙은 단어 중에는 명사가 아니라 구별사인 경우가
　　 상당히 많다.)

法 : 历~　民~　刑~　选举~　婚姻~

　　 用~　想~　看~　归纳~　比较~

　　 (여기에서 주의해야 할 것은 일반적으로 동사 혹은 형용사 뒤에
　　 붙이면 '想法', '看法'처럼 명사가 된다는 점이다. 또한 구형构
　　 形 기능이 있으며 동작, 행위 방식에 대한 평가와 묘사를 나타
　　 낸다.)

是 : 就~　要~　正~　但~　倒~　凡~　可~　总~　只~

来 : 从~　本~　原~　近~　将~　历~　向~　后~　由~　想~

角 : 英语~　恋爱~　集邮~　围棋~

型 : 轻~　重~　流线~　异~　微~　文字~

式 : 公~　程~　等~　样~　方~　格~　法~　形~

　　 方程~　恒等~

蛙~ 蝶~ 自由~ 火箭~ 鬼怪~ 新~

台~ 立~ 卧~

雷锋~ 焦裕禄~ 阿Q~ 中国~ 农民~

牌 : 前门~ 光明~ 扇~ 箭~ 泸光~

号 : 东风~ 朝阳~ 友谊~ 周恩来~

病~ 伤~ 大~ 小~ 中~ 特大~

热 : 股票~ 文化~ 读书~ 出国~ 汉语~ 旅游~

业 : 工~ 农~ 商~ 事~ 行~ 学~

畜牧~ 饮食~ 竹木~ 造纸~

이 외에 '科(小儿~、总务~)', '处(问询、秘书~)', '局(交通~、出版~)', '厅(办公~、舞~)', '店(书~、粮~)', '部(外交~、俱乐~)', '组(技术~、男子~)'등도 준접미사로 볼 수 있다.

3.3.4 한어 접사의 특징

한어 접사는 다음과 같은 몇 가지 특징이 있다.

첫째, 순수한 접사는 많지 않지만 앞에서 예를 들었듯이 준접사가 상당히 풍부하다.

둘째, 어떤 접사나 준접사(대부분 접미사)는 다음 예에서처럼 단어 이상의 단위에 붙는 경우도 있다.

예 者 : '好事'者, '持不同意见'者
界 : '创作、评论'界
论 : '事故难免'论, '世界大战不可避免'论

이는 접사가 붙은 구가 단어화된 것이다.

셋째, 준접사가 붙은 단어를 보면 대다수가 체언의 성격을 띤 것이다. 명사가 가장 많고 동사나 형용사는 훨씬 적은 편이다. 이는 준접사 자체의 의미 특징과 상관이 있는 부분이다. 즉 준접두사는 대부분 사물을 설명하는 것에 국한되어 있고, 준접미사는 원래 명사에서 온 것이 대다수이다. 이런 상황은 단어를 구조적인 면에서 판별하는데 이점이 있다.

3.4 복합어(复合词)

3.4.1 복합어의 구조 유형

복합어의 구조를 분석하는 데는 직접 성분 분석법을 운용하는 것이 가장 적당하다. 복합어의 구조 유형을 파악할 때는 두 가지 부분에서 주의해야 한다. 그 중 하나는, 단어 구성 성분간의 배치 관계(예를 들어 연합식인지 편정식인지 등)를 파악하는 것이다. 다른 하나는 단어를 구성하고 있는 성분의 품사(예를 들어 '脸盆(명+명)', '黑板(형+명)', '冷笑(형+동)', '带头(동+명)' 등)를 파악하는 것이다. 복합어의 구조 유형은 배치 관계를 중심으로 설명하는데 이 때 사용하는 용어는 통사 구조와 완전히 같지는 않다.

한어 복합어의 구조 유형은 연합식, 배합식, 관합식, 첩합식, 축합식 이렇게 다섯 가지로 나눌 수 있다.

3.4.2 연합식(联合式)

연합식 복합어는 예를 들어 '人民', '东西', '奥妙'에서와 같이 구성 성분간의 관계가 동등하다. 조합의 의미 유형에 따라 아래와 같이 세 가지로 나눌 수 있다.

(1) 동의연합(同义联合)

단어의 각 구성 성분의 의미가 같거나 비슷하다.

> **예** 意义 休息 缺乏 喜欢 计算 制造
> 重要 立即 声音 健康 奇怪 舒缓
> 激剧 根本 紧密 周全 完整 判断

(2) 대칭연합(对称联合)

단어의 각 구성 성분의 의미가 상반되거나 상대적이다.

> **예** 动静 开关 东西 矛盾 是非 买卖
> 反正 左右 来往 教学 始终 早晚
> 横竖 黑白 兄弟 姐妹

(3) 평행연합(平行联合)

단어의 각 구성 성분의 의미가 같지도 대칭적이지도 않은 평행 병렬 관계이다.

> **예** 高大 心肠 笔墨 缝补 修订 删改
> 细软 风景 气力 称许 冷静 热闹
> 粮草 血汗 研制 意见 简易 繁杂
> 安全 弱小 老大难 高精尖

위에서 (3)유형은 (1), (2)유형과 확연하게 구분되지 않는 경우도 있을 수 있으나 전체적으로는 의미 유형상으로 구분이 된다.

연합식 복합어는 구성 성분의 종류에 따라 나눠 보면 '명+명'(事物), '형+형'(美丽), '동+동'(办理)의 세 종류가 주를 이루고 있으며 '수+수'(千万), '부+부'(刚才)인 경우도 있다.

연합식 복합어와 연합식 구의 다른 점은 다음과 같다.

첫째, 연합식 복합어는 음성적으로 연속되며 휴지가 없지만, 연합식 구는 성분 사이에 휴지가 있다. 예를 들어 '教学相长'에서 '教'와 '学' 사이에서 멈출 수 있으며 '教学'는 구이다. 그런데 '搞好教学工作'에서 '教学'는 음성적으로 연속되고 휴지가 없으므로 단어가 된다.

둘째, 연합식 복합어는 구성 성분의 순서가 비교적 고정적이라 바뀌지 않으나, 연합식 구의 경우에는 비교적 자유롭게 위치 이동이 가능하다.

셋째, 연합식 복합어는 성분 사이에 접속사가 끼어 들 수 없지만, 연합식 구의 경우에는 접속사를 쓸 수 있다. 같은 조합인데 어떤 경우에는 접속사가 들어갈 수 있고, 어떤 경우에는 들어갈 수 없는 부류가 있다. 예를 들어, '油水'는 '油水不足'에서는 중간에 접속사가 들어갈 수 없지만, '油水不能交融'에서는 접속사 '和'가 들어갈 수 있다. 이처럼 '油水'류의 조합은 연합식 복합어와 연합식 구, 둘 다 될 수 있는 경우이다.

이 외에, '哥儿俩', '他们俩', '俩公婆' 등 동위 성분 결합의 경우에도 연합식 복합어로 볼 수 있다.

3.4.3 배합식(配合式)

배합식 복합어는 하나의 중심 성분과 부가 성분의 조합으로 구성된다. 부가 성분이 중심 성분의 앞에 놓이면 편정식偏正式이라 부르고, 부가 성분이 중심 성분의 뒤에 놓이면 후보식后补式이라 부른다.

(1) 편정식(偏正式)

다음과 같이 세 종류로 나눌 수 있다.

1) 중심 성분이 명사성 형태소인 것

명+명 : 草帽　皮鞋　马路　火车　手表　铁棍　灯塔　音色
　　　　人伦　衣架　澡堂　会场　枇杷树　葡萄酒　玻璃杯

형+명 : 白酒　黑板　新房　绿荫　香肠　甜菜　平台　曲线
　　　　长凳　红茶　热情　高炉　丰年　美感　熟人　大家庭

동+명 : 食物　来信　发票　出口　开水　导线　炒蛋　住宅
　　　　转盘　唱本　考场　试卷　摇篮　笑话　笑声

수+명 : 五官　百货　万岁　千张　千斤　百姓　个人

이 중에서 '명+명'이 가장 많이 쓰이는 방식이다. 이 조합이 편정 구인지 복합어인지 구분하는 중요한 검증 방법은 '的'를 넣어보는 것이다. '的'가 들어갈 수 있으면 구이고, 들어갈 수 없으면 단어이다.

2) 중심 성분이 동사성 형태소인 것

명+동 : 席卷　风行　鲸吞　蚕食　云集　瓦解　烛照
　　　　瓜分　粉碎　囊括　龟缩　蜂拥　鱼贯　蔓延
　　　　林立(烟囱林立)　　雷动(欢声雷动)

이런 류의 '명+동' 편정 복합어는 모두 동사이다. 의미상 특징을 보면, 앞의 명사가 뒤의 동사를 비유적으로 설명(~처럼 ~하다)하고 있다. 예를 들어, '席卷'은 '像卷席子那样地卷(멍석을 말듯이 그렇게 말다)', '瓜分'은 '如剖分瓜那样地分(참외 쪼개듯 그렇게 나누다)', '鲸吞'은 '像鲸鱼吞食那样地吞(고래가 먹이 삼키듯 삼킨다)'라는 의미이다. '명+동'류로 다음과 같은 예를 더 들 수 있다.

예 笔试　口授　面谈　水烫　油煎　铅印　炮轰
拳击　枪杀　意料　心想　力争　电视(명)

이들 대부분은 동사이다. 앞의 명사는 동작의 수단이나 방식을 나타낸다. '筆试'는 '以笔式(필기 시험으로)', 즉 '以书面方式进行考试, 考核(서면 방식으로 시험을 보거나 심사를 하다)'라는 의미이고, 상대말은 '口试'이다. 또 '拳击'는 '用拳头击(주먹으로 때리다)', '面谈'은 '当面谈(얼굴을 맞대고 이야기하다)'라는 의미이다.

위와 같이 명사가 직접 동사를 수식하는 부사가 되는 편정식 조합은 실제 통사 구조에서 흔하지 않다. 이러한 '명+동' 편정식 복합어를 '명+동' 주술식 복합어로 간주하면 안 된다.

형+동 : 重视　小看　大考　紧跟　冷笑　浅谈　高喊　轻信
　　　　红烧　白煮　清唱　热爱　若干　速记　暗示　密谈
　　　　常识　难看　好听　冷饮

부+동 : 胡闹　稍息　暂停　酷似　漫谈　再生　顿悟　极限
　　　　相爱　互助

동+동 : 游击　流动　混战　合唱　代办　挺举　抓举　推举

위의 '형+동' 조합 모두 '地'를 넣어 확장할 수 없으며 중첩한 후에도 '地'를 넣어 확장할 수 없다. 이들 모두 복합어이다. 이와 달리 예를 들어 '细谈', '快写', '认真干'에서와 같이 '地'를 넣어 확장하거나, 중첩한 후 '地'를 첨가하여 확장할 수 있으면 구이다. 여기에서 '동+동' 조합은 앞이 술어이고 뒤가 목적어인 '동목 관계'가 아니라 앞부분이 부가적인 성분(부사어)이고 뒷부분이 중심 성분인 구조로 보아야 한다. 또한 중간에 '地'를 넣어 확장할 수 없으므로 단어이다.

3) 중심 성분이 형용사성 형태소인 것

명+형 : 火红　冰冷　雪白　碧绿　蜡黄　粉红
　　　　肤浅　神勇　水嫩　奶香　笔直　墨黑

이런 조합은 대부분 비유적 의미를 나타낸다. 예를 들어 '火红'은 '불처럼 빨갛다'라는 뜻이고, '肤浅'은 '살갗처럼 얇다'라는 뜻이다. 이들 대부분은 형용사 성질을 갖고 있지만 대부분 정도 부사의 수식을 받지 않는다. 다른 한 종류는 아래 예처럼 '명+형'으로 구성된 명사이다.

> **예** 蛋白　蛋黄　墨绿　月白　水平　糖稀　身长　身高　体重
> 肉松　鱼松　饼干　菜干　豆腐干　肉圆　鱼圆

이런 '명+형' 편정식 조합은 일반적으로 '的'를 넣어서 확장할 수 없으며 구와의 경계가 상당히 분명하다. 하지만 '火红'류의 조합과는 다르다. '火红'류 단어는 중간에 '那样'을 넣어 '불처럼 그렇게 빨갛다'고 해석할 수 있음에 주의해야 한다.

> 형 + 형 : 大红　深蓝　淡绿　小满　轻寒　鲜红　嫩黄　微热
> 동 + 형 : 滚圆　滚热　滚烫　透明　喷香　通红　飞快　镇静

이러한 조합은 주로 형용사이며 정도 부사의 수식을 받지 않는다.

> 부 + 형 : 绝妙　最佳　恰好　最初　最后

이러한 단어는 많지 않다.

(2) 후보식(后补式)

크게 다음 두 가지로 나눌 수 있다.

1) 중심 성분이 명사성 형태소인 것, 이 또한 다음 두 가지로 나누어진다.

(甲) 보충 성분이 양사성인 것 : 이러한 조합은 명사이며 일반적으로 앞에 일정한 수량을 나타내는 성분을 부가하여 수식할 수 없다.

> **예** 车辆　匹马　布匹　土方　银两　灯盏　船只　纸张
> 文件　书本　信件　钟点　花朵　人口　盐斤　函件
> 碗只　枪支　冰块

(乙) 보충 성분이 명사성인 것 : 중심 성분을 비유적으로 형상화한다. 단어 구성에 은유의 수사법이 사용된 경우라 할 수 있다. 모두 명사이다.

> **예** 地球　月球　雪花　耳朵　脑袋　脑瓜　火苗　眼珠
> 汗珠　心弦　心窝　心扉　心坎　心田　心地　心房
> 熊猫　情绪　柳絮

2) 중심 성분이 동사성 형태소인 것 : 일반적으로 '술보식'이라 한다. 한어에 술보식 구조는 무척 많지만 이러한 결합의 분리성이나 결합성에 명확한 경계가 없어 술보식 구조가 단어인지 구인지 판단하는 데 있어서는 쉽게 의견이 일치하지 않는다.

> 동 + 동 : 看见　扩展　打倒　推翻　留住　抓住　放开
> 收拢　改进　收完　收成　考取　推倒

이러한 조합은 대부분 중간에 '得/不'가 들어가 뒤따르는 성분의 가능/불가능을 나타낼 수 있으며 '得/不'를 넣어도 단어이다. 어떤 경우에는 아래 예처럼 목적어를 첨가할 수도 있다. (목적어가 첨가된 경우 대부분 부정형)

> **예** 打他不倒　推他不倒　留人家不住

이러한 술보식 구조는 붙여서 쓰면 단어가 되고, 목적어를 첨가한 형식에서는 구가 된다. 이러한 조합 구조는 주로 타동사가 되는 경우가 많다.

> 동 + 형 : 搞好　改善　说明　弄清　纠正　证明
> 　　　　　冻僵　落空　踏实　降低　气糊涂

이러한 조합은 단어일 수도 있고 구일 수도 있는데 분명하게 구분하기가 쉽지 않다. 중간에 '得很'을 넣어 보는 방식으로 판단할 수 있는데, '得很'이 들어갈 수 있으면 구이고, 들어갈 수 없으면 단어이다. 또한 어떤 경우에는 '得很'을 넣을 수 있고 어떤 경우에는 넣을 수 없는 '동+형' 조합이 있는데 이런 조합은 술보식 구와 술보식 복합어, 모두에 속하는 것이라 할 수 있다. 다음 예를 보자.

> 예 搞好₁ : 搞得好　搞不好
> 　　　　　('搞好了 : '好'는 '完'의 의미. '得很'이 들어갈 수 없다.)
> 搞好₂ : 搞得非常好　搞得不大好
> 　　　　　('好'는 '搞'의 정도를 나타내며 '得很'이 들어갈 수 있다.)

여기에서 '搞好₁'은 술보식 복합어이고, '搞好₂'는 술보식 구이다.

3.4.4 관합식(串合式)

관합식 복합어의 성분 관계는 주술 관계인 것과 술목 관계인 것으로 나눌 수 있다.

(1) 주술식(主谓式)

구성 성분 간의 관계가 주술 관계이다. 구성 방식을 보면, '명+동',

'명+형' 두 가지뿐이다. 구성 성분이 되는 단어는 주로 명사와 형용사이며 동사는 적다.

> 예 花红　冬至　夏至　春分　秋分　霜降　地震
> 　　头疼　心疼　心虚　胆小　胆怯　性急　肉麻
> 　　年轻　手软　眼红　海啸　气喘　耳鸣　腹泻
> 　　肠粘连　脑震荡　胃下垂　驴打滚　佛见喜

(2) 술목식(述宾式)

구성 성분간의 관계를 보면, 동사 술어가 목적어(피지배 성분)를 수반하는 관계이다.

> 예 关心　注意　取名　得罪　效力　知音　尽心
> 　　留神　出席　列席　司令　随时　就近　听差
> 　　当局　吃力　费心　用功　滚蛋　投机　破例

이들 모두 '동+명'으로 그 중 몇 몇 조합은 특별한 상황에서 분리될 수 있다.

> 예 注点儿意　留点儿神　费你的心　滚他的蛋
> 　　用什么功　尽我们的心

하지만 이런 분리와 확장은 제한적이다. 이와 유사한 예를 더 보기로 하자.

> 예 鞠躬　上当　吃亏　睡觉　洗澡　理发　起草
> 　　造谣　毕业　带头　打仗　吵架　发财

이들 예를 보면, 확장은 가능하지만 구성 성분간의 관계가 상대적으로 고정되어 있다. 즉 목적어와 동사의 관계가 긴밀한 분리성 단어에 속한다.

이 외에 술목식 복합어로 '동+형'인 것과 '동+동'인 경우도 있다.

> 예 取笑　入迷　吃香　害怕　效劳　纳闷　怀疑　抱怨
> 催眠　失眠　注重　着重　看轻　认输　发麻　发愁
> 挨揍　尽忠　接生　讲和　举重　跳高　上算

일반적으로 이러한 복합어는 결합이 긴밀하여 확장이 되지 않는다. 어떤 조합은 특정 상황에서는 확장될 수 있으며 '发什么愁', '讲什么和'에서와 같이 반문을 나타내는 경우에 주로 쓰인다.

3.4.5 첩합식(叠合式)

첩합식 복합어는 같은 형태소가 중첩하여 결합된 것으로 다음과 같은 것이 있다.

> 예 哥哥　妹妹　爸爸　妈妈　奶奶　爷爷
> 宝宝　乖乖　猩猩　星星　蝈蝈儿
> 圈圈　框框　杠杠
> 意思意思　婆婆妈妈　偷偷摸摸　哭哭啼啼
> 风风雨雨　拉拉扯扯　花花绿绿　跌跌撞撞

3.4.6 축합식(缩合式)

축합식은 약칭과 약어를 가리킨다.

(1) 생략(节略)

원래 단어의 일부분을 생략하고 일부를 선택하여 단어를 구성한다.

> 예 复旦 - 复旦[大学]　南开 - 南开[大学]　党 - [中国共产]党

(2) 축약(紧缩)

　단어의 앞부분, 중간부분, 끝부분 중의 유관 형태소를 선택적으로
결합하여 단어를 구성한다.

　　　예 中共 - 中国共产党
　　　　北大 - 北京大学
　　　　中文系 - 中国语言文学系
　　　　政协 - 中国人民政治协商会议
　　　　党委 - 常务委员会, 常务委员会委员
　　　　文改 - 文字改革
　　　　土改 - 土地改革
　　　　科技 - 科学技术

　이 외에도 '新四军', '八路军', '镇反', '肃反', '扶贫', '扫黄', '计
委', '中纪委' 등 모두 이런 형식이다.

(3) 총괄(统括)

　관련이 있는 내용 몇 가지를 숫자를 사용하여 개괄적으로 표현한다.

　　　예 四化 - 工业现代化、农业现代化、国防现代化、科学技术现代化
　　　　　(四个现代化)
　　　　三反 - 反贪污、反浪费、反官僚主义
　　　　三军 - 海军、陆军、空军
　　　　双百方针 - 百花齐放、百家争鸣

(4) 대체(简代)

　다른 형태소로 전칭全称을 간략하게 대신한다.

　　　예 沪 - 上海　皖 - 安徽　苏 - 江苏
　　　　亚 - 亚洲　欧 - 欧洲　日 - 日本国

이들 약칭으로 쓰인 형태소는 '沪西', '皖南', '苏北', '南亚','东欧'와 같이 다른 복합어를 만들기도 한다.

이 외에 또 글자의 음을 줄여 만든 단음절 형태소도 있다.

> **예** 甭 - 不用   别 - 不要   俩 - 两个   仨 - 三个

이들은 복합어의 변체라 할 수 있다.

3.4.7 종합식(综合式)

종합식 복합어는 몇 가지 방식이 결합되어 만들어진 비교적 복잡한 복합어이다. 대부분이 명사이고 중심 성분 또한 명사성 성분인 경우가 많다. 다층적인 편정식 구조라 말할 수 있다.

(1) (명+명)+명 : (명+명)은 편정 관계 혹은 연합 관계이다.

> **예** 皮鞋油   猪皮鞋   语文课   课程表   海岸线
> 茶水站   粮油店   图书馆   帆布袋

(2) (형+명)+명 : (형+명)은 편정 관계이다.

> **예** 新米粥   白皮书   红花曲   绿树荫

(3) 형+(명+명) : (명+명)은 편정관계 혹은 연합관계이다.

> **예** 新妇女   红书皮   旧社会   老风俗   咸鸭蛋

(4) (형+형)+명 : (형+형)은 연합관계이다.

> **예** 红绿灯   长短句   黑白片   高低杠   酸辣菜   冷热病

(5) (동+명)+명 : (동+명)은 술목관계이다.

> 예　卷心菜　点名册　照相机　洗衣粉　知心话
> 　　理发店　救生圈　防空洞　录音带　更衣室

(6) (동+동)+명 : (동+동)은 연합관계이다.

> 예　计算机　展览馆　指示灯　储藏室
> 　　研究院　驱逐舰　进出口

(7) (명+동)+명 : (명+동)은 주술관계 혹은 편정관계이다.

> 예　人造丝　人造革　人行道　校办厂　地震仪

이러한 조합은 아래와 같이 층차 분석이 되므로 '주+술+목' 구조로
분석할 수 없다.

> 예　手提箱　豆制品　脚踏车　蛋炒饭

이러한 조합에서 앞부분의 '명+동'은 모두 주술 관계가 아니라 부
사어가 동사를 수식하는 편정 관계이다. '手提箱'은 '用手提的箱子
(손으로 들고 다니는 상자)'이고, '蛋炒饭'은 '用蛋作佐料炒的饭(달
걀을 사용하여 볶은 밥)'이다.

(8) (동+형)+명 : (동+형)은 술목관계 혹은 후보관계이다.

> 예　望远镜　显微镜　举重队　保险箱　制高点
> 　　说明书　放大镜　洗净剂　烘干机　漂白粉

(9) (부+동)+명 : (부+동)은 편정관계이다.

> **예** 最惠国　不冻港　常见病　再生纸　未亡人
> 特设席　罕用字

3.5 한어 형태 구조의 특징 연구

현대 한어의 단어는 대다수가 통사적 방식으로 만들어진 복합어이며, 이는 현대 한어 단어구성법의 기본 특징이기도 하다. 즉, 단어를 만드는 방식과 문장을 만드는 방식이 상당히 일치하고 있다. 그러나 형태 구조와 통사 구조는 다른 부분이 있으므로 모든 통사 관계를 형태론적 구조에 넣어 파악할 수 있는 것은 결코 아니다. 형태론적 구조는 통사론적 구조와 비교하면 훨씬 더 뚜렷한 몇 가지 특징이 있다.

(1) 성분 결합이 직접적이다

구성 성분간의 결합을 보면 통사론적 구조에서보다 형태론적 구조에서 훨씬 더 직접적이고 긴밀하다. 예를 들어 통사 구조에서는 명사성 성분이 동사성 성분 앞에서 '부사어'로 쓰이는 일이 거의 없지만, 형태론적 구조에서는 배합·배열 방식의 하나로 쓰인다.

> **예** 瓦解　粉碎　瓜分　鲸吞　笔试　函授　网罗
> 火热　冰冷　肤浅　血红　墨绿　蜡黄

이런 단어를 보면 성분간의 결합이 매우 직접적임을 알 수 있다.

(2) 성분 순서가 고정적이다

구성 성분간의 결합 순서를 보면, 통사론적 구조에서보다 형태론적 구조에서 훨씬 더 고정적이다. 순서를 바꾸면 단어가 될 수 없거나 다른 단어가 되기도 한다. 일부 병렬 구조의 경우 '代替 - 替代', '喜欢 - 欢喜', '搖动 - 动摇'처럼 구조 내에서 순서를 바꿀 수 있다. 순서를 바꾼 후에도 의미가 전혀 변하지 않는 단어는 흔하지 않고, 대부분은 의미상 약간의 차이가 생긴다.

단어와 구를 확장법(삽입법)으로 판별할 때 판단의 근거로 삼는 것이 바로 (1), (2)와 같은 특징이다.

(3) 편정구조는 생산성이 강하다

복합어의 각종 조합 방식 가운데, 배합식의 편정 구조(또는 동심 구조)가 가장 많고, 이 구조로 구성된 단어가 가장 광범위하게 쓰이고 있으며 생산성 또한 매우 강하다. 이에 대하여 육지위陆志韦선생이 다음과 같이 명확하게 지적하였다[1].

> 1) 현대 한어에서 가장 자주 듣게 되는 단어나 구는 동심 구조이다. (大红)
> 2) 동심 구조인 것 중에서 가장 자주 듣게 되는 것은 명사성이다. (大黄)
> 3) 명사성인 것 중에서 가장 자주 듣게 되는 것은 중심 성분이 명사성 성분이다. (大人)
> 4) 이러한 예 중 가장 자주 듣게 되는 것은 앞의 수식어도 명사성 성분이다. (铁路、羊眼睛)

명사성 형태소가 명사성 형태소를 수식하는 조합 방식으로 새로운 명사를 만드는 것은 현대 한어의 형태론 구조에서 새로운 단어를 만드는 가장 생산성이 강한 방식이다. (특히 형태소 둘 모두 단음절인 것)

------

1) 《中国语文》1955년3월호. p.22

4 한어의 형태변화법(构形法)

4.1 한어 형태변화법의 기본 유형

4.1.1 구형법의 함의

구형법이란 단어의 형식이 어법적으로 변화하는 일종의 형태변화법을 말한다. 단어는 하나의 기능체로써 각종 기능을 발휘할 때 형태상의 변화를 드러내게 되며, 형태는 기능을 나타냄과 동시에 표지가 되기도 한다. 무릇 어떤 하나의 형식이나 형태소가 한 단어의 어법적 특징을 나타낼 때 이 형식이나 형태소는 일정한 형태 유형에 속하게 된다.

4.1.2 현대 한어 형태변화법의 두 가지 유형

현대 한어 단어의 형태변화법에는 크게 두 가지 유형이 있다. 그 중 하나는, 접사 부가법이다. 단어에 형태 표지를 붙여 일정한 어법적 특징을 나타낸다. 예를 들어 사람을 지칭하는 명사에 접미사 '们'을 붙여 무리를 나타내고, 술보식 복합어에 접요사 '得/不'를 넣어 가능/불가능을 나타낸다. 다른 하나는 중첩법이다. 형태소나 단어 전체를 중첩하여 모종의 어법 의미를 나타내는 방법이다. 예를 들어 '干净－干干净净', '红－红红(的)'에서와 같이 형용사를 중첩하면 의미의 정도가 더 강해진다. 또한 앞의 두 유형을 결합한 예로 '想一想', '看一看' 등은 동사를 중첩한 다음 접요사 '一'를 덧붙인 경우로써 동작을 한 번 해본다는 의미를 나타낸다. 위 두 가지 방법을 운용할 때는 일반적으로 접미사를 경성으로 읽는다거나 혹은 중첩한 후 성조가 바뀌는 등 음운상의 변화가 수반되기도 한다.

4.2 접사 부가법(加缀法)

4.2.1 접사 부가법의 종류

접사 부가법에는 접두사, 접미사, 접요사를 부가하는 방법이 있다. 한어에 구형 접사는 많지 않다. 종류별로 살펴보면 아래와 같다.

4.2.2 구형 접두사(构形前缀)

한어 구형 접두사는 '第'와 '头' 두 가지 뿐이다. 모두 서수를 나타 낸다.

(1) 第

수사 앞에 붙어 순서를 나타낸다. 원칙상 모든 숫자 앞에 다 붙일 수 있다.

> **예** 第一(名) 第五(号) 第三十(个) 第一千二百四十(号)

(2) 头

수사 앞에 붙어 해당 숫자와 그 앞의 숫자가 전체 서열에서 앞부 분에 위치하고 있음을 나타낸다. 원칙상 모든 숫자 앞에 붙일 수 있 으나 일반적으로 10 이내의 숫자 앞에 붙이는 경우가 많다.

> **예** 头一名 头五号 头三十个

4.2.3 구형 접요사(构形中缀)

(1) 得/不

술보식 복합어 안에 들어가 가능과 불가능을 나타낸다.

> **예** 看见 : 看得/不见
> 打倒 : 打得/不倒
> 说明 : 说得/不明

'看得见'은 '能看见'의 의미이고, '看不见'은 '不能看见'의 의미이다. 이러한 '得/不'는 술보구에 끼어들어 가능/불가능의 의미를 나타내는 동사로 쓰이기도 한다.

(2) 里

이음절 형용사를 중첩할 때 쓰인다. 부정적인 의미로 쓰이는 경우가 많으며 싫다거나 혐오스럽다는 의미를 나타낸다.

> **예** 糊涂 – 糊里糊涂
> 傻气 – 傻里傻气
> 疙瘩 – 疙里疙瘩
> 慌张 – 慌里慌张

(3) 不

형용사의 생동 접미사[1])生动后缀 앞에 붙는다. 싫어한다는 어감을

---

1) 단음절 형용사(간혹 일부 이음절 형용사) A뒤에 부가되어 ABB형 형용사를 구성하며 생동감 있고 구체적인 느낌을 더하는 수사 효과를 준다. 예) 黑乎乎, 脆生生, 可怜巴巴 등. 생동 접두사의 경우 단음절 형용사 A앞에 붙어 BBA형 형용사를 구성한다. (역주)

나타내는 경우가 대부분이다.

> **예** 酸溜溜 - 酸不溜溜(的)
> 滑济济 - 滑不济济(的)

4.2.4 구형 접미사(构形后缀)

(1) 们

인칭 명사와 인칭 대명사 뒤에 붙어 '무리'의 뜻을 나타낸다. 일반적으로 '복수'의 범주를 나타내므로 영어의 복수 접미사 's'와 비교하기도 하는데 전적으로 그렇게만 볼 수는 없다.

(甲) '们'의 사용 범위는 인칭 명사에만 한정된다. 예외적인 것으로 사물 대명사인 '它' 만은 뒤에 '们'을 붙여 '它们'이라고 할 수 있는데 이는 특별한 경우라 할 수 있다. 수사적으로 의인화하는 경우를 제외하고 일반 명사에는 사용할 수 없다.

(乙) 인칭 대명사 앞에 확실한 수량사가 있을 경우 '们'을 붙일 수 없다. 예로 '三个同学们'이나 '五位来宾们'이라는 말은 있을 수 없다. 붙이기도 하고 붙이지 않기도 하는 것이 아니라 절대 붙일 수 없으며 '们'을 붙이면 어법에 맞지 않다. 또 예를 들자면 '我们是学生'이라고는 할 수 있지만 '我们是学生们'이라고는 할 수 없다. 영어에서는 'We are students'에서처럼 'we(我们)'라고 하면 'students(学生们)'라고 복수를 써야 한다. 이는 '们'과 's'의 다른 점이다. 그런데 '诸位代表先生们', '全体团员同志们', '全国同胞们', '众位爷们'에서처럼 앞에 범위나 불확정 수량을 나타내는 관형어가 있을 경우에는, 명사 뒤에 '们'을 붙일 수도 있고 붙이지 않을 수도 있다.

㈜ 단일한 인칭 명사에도 '们'을 붙일 수 있다.

> 예 A. 张三们   阿Q们   (동류의 사람을 나타냄)
>   B. 姑嫂们   父子们   (양쪽 모두를 나타냄)

'们'은 단어에 붙일 수 있을 뿐 아니라, 구에 불일 수도 있다.

> 예 诗人们、戏剧家们、评论家们
>   诗人、戏剧家、评论家   们

'们'은 단순히 복수를 나타내는 것이 아니라 무리의 의미가 더 강하다. 물론 무리는 당연히 개체보다 수가 더 많지만 정확하게 수량을 셈하여 나타낸 것과 완전히 같지는 않다. 한어에는 인칭 명사로 수량을 나타내는 방법이 두 가지가 있다고 할 수 있다. 그 중 하나는 계량된 수를 나타내는 것으로, 확정된 수량을 나타내는 수사와 양사를 첨가한다.

> 예 三个学生 = (一个) + (一个) + (一个) 学生
>   五队夫妻 = (一对) + (一对) + (一对) + (一对) + (一对) 夫妻

나타내는 수량은 개체(혹은 한 벌, 한 묶음 등)를 누계하여 모두 더한 것이다.

다른 하나는 인칭 명사로 수량을 나타내는 방법 중 다른 하나는 무리의 수를 나타내는 것으로, 확실하지 않은 수를 나타낼 때 '们'을 사용한다.

> 예 学生们   作家们   教职员工同志们

이들은 구체적인 수량을 확실하게 가리키는 것이 아니라 대략적으로 한 무리를 가리킨다. 여기에서 '们'은 '무리'를 나타내는 어법표지이다. 따라서 '三个学生们'이 틀린 이유는 수량을 중복하였기 때문이 아니라, 수량을 나타내는 두 가지 다른 방법을 혼용하였기 때문이다. 즉, 계량된 수치를 나타내는 법과 무리를 나타내는 법을 한데 섞어 쓴 것이다. 따라서 앞에 부정不定수량 관형어가 쓰인 인칭 명사에는 '们'을 붙일 수 있으며, 무리를 나타내는 것이라고 합리적으로 해석할 수 있다.

'们'은 음성적으로 경성으로 읽히며 'men', 'me', 'm' 세가지 형식이 있다. 이 가운데 어떤 것을 쓸 것인가는 말의 속도와 뒤에 오는 소리의 음성적 특성에 따라 정해진다.

(2) 了

동사 뒤에 붙어 동작, 행위, 상태가 이미 끝났거나 완료되었음을 나타내며 동사의 '완료태完成态'를 이룬다.

> 예 ① 明天买了三本书，明天读完了就借给你。
> ② 要算了再用，不要用了再算。

이 때의 '了'와 문장 끝에 조사로 쓰인 '了'는 다르다. 조사 '了'는 문장 전체에 속하는 것이고, 접미사 '了'는 동사에 붙은 것이다. 접미사 '了'가 동사구 뒤에 쓰여 완료태를 나타낼 때 '了' 앞의 구는 동사에 상당하는 작용을 하고 있음을 다음 예를 보면 알 수 있다.

> 예 打扫干净了这个地方　研究成了一种新产品
> ('打扫干净'과 '研究成'이 동사 역할)

형용사가 목적어를 가질 때에도 '了'를 써서 완료태를 만들 수 있다.

예 ① 我一说她就红了脸。
② 丰富了物资, 繁荣了市场。

아래 문장에서 동사 뒤의 '了'는 완료를 나타내는 것이 아니라 어떤 동작을 시작하기로 결정함을 나타낸다.

예 走了, 快走了!   来了, 我就来了!

(3) 着

동사 뒤에 쓰여 동작, 행위, 상태가 진행, 지속, 발전되고 있음을 나타내며, 동사의 '지속태持续态'를 이룬다.

예 ① 里面正在开会, 进行着热烈的讨论。
② 他坐在椅子上, 做着针线活儿。
③ 那火熊熊地燃烧着, 整夜不灭。

위 예문 모두 진행 중인 상태를 나타낸다.

예 ① 在旧社会, 劳动人民过着穷苦的生活。
② 窗子关着, 大门开着, 柜子锁着, 屋里没有人。

위 예문 모두 어떤 상태가 지속되고 있음을 나타낸다.

예 ① 这个问题对他们有着重要的意义。

위 예문은 일반적이고 통상적인 의미를 나타낸다.

예 ① 她们唱着歌走过来。
② 他看着人家的脸色说话。

위 예문들은 함께 수반되는 동작을 나타낸다.

(4) 过

동사 뒤에 쓰여 동작, 행위, 상태를 이미 경험한 적이 있음을 나타내며, 동사의 '경험태经历态'를 이룬다.

> **예** ① 他当过演员，写过剧本，做过导演，多次得过奖。
> ② 批评过几次，他都接受了。

아래 예문의 동사 뒤에 쓰인 '过'는 일반적으로 접미사가 아니라 동사 '过'가 방향 보어로 쓰인 것으로 간주한다. 그렇게 보는 이유는 '过' 뒤에 완료를 나타내는 접미사 '了'가 쓰였기 때문이다.

> **예** 说过了就算了　放过了好机会

여기에서 '过 – 了'는 접사가 연용된 일종의 복합 구형 접사로써 경험을 강조하는 완료태라고 볼 수 있다.

(5) 头

동사 뒤에 쓰여 어떤 동작이나 행위를 하는 것에 대한 화자의 가치 평가(할 가치가 있는지 없는지 판단)를 나타낸다.

> **예** ① 这点儿东西丢了就算了，有什么找头？
> ② 那碗菜没有什么吃头儿。
> ③ 这个曲子很有听头儿，那个曲子一点儿听头儿也没有。

이러한 '동사+头'는 '有'나 '没有'가 쓰인 형식에서만 나타날 수 있으며, 앞에 '一点儿', '什么'와 같은 한정적인 수식 성분이 올 수 있다. 일반적으로 행위 동사는 모두 이런 식으로 '头'를 붙여 '讨论头', '介绍头', '打扫头', '若干头'등과 같이 표현할 수 있다. 그런데 이러한 '吃头', '讨论头'등은 모두 독립적으로 쓰일 수 없고 어떤 어휘 의미를 나타내지도 못하며 단지 일종의 공통된 개괄적 의미, 즉 동작의 가치성만을 나타낸다. 실제로 이런 동작의 가치성은 동작이 미치는 사물(대부분은 지배를 받는 사물)에 대한 평가를 뜻한다.

이 외에 '동사+头'로 쓰이는 것이 하나 더 있는데 이들은 '有' 뒤에만 쓰일 수 있으며 동작의 지속력을 나타낸다. 부정 형식이 없어 '没有' 뒤에는 나타나지 않는다.[1]

> **예** ① 丢了这么多东西, 都要找回来, 那是有找头了。
> (이렇게 많이 잃었으니 모두 되찾으려면 찾는 데 좀 걸리겠어[2])
> ② 买了那么多鱼, 那是有吃头儿了。
> (고기를 그렇게 많이 샀으니 먹을 게 좀 있지[3])
> ③ 这几十个问题, 都要弄清楚, 真有讨论头儿了。
> (이들 몇 십 개 문제 모두 제대로 하려면 정말 토론 좀 해야겠는걸[4])

이는 동작에 힘과 시간을 써야함을 나타내며, 개괄적으로 말하자면 동작의 지속력을 가늠하는 것이며, 일종의 평가성의 표현법이다. 이와 같이 접미사 '头'는 동사 뒤에 쓰여 동작 행위에 대한 평가를 나타낸다. 따라서 '吃头儿', '讨论头儿' 등을 동사의 평가 형식으로 볼 수 있으며 '头'를 구형 접미사의 하나로 볼 수 있다.

---

1) 구형접미사 '头'는 동사 뒤에 붙어 평가성 의미를 나타낸다 : ① 어떤 일이 할만한 가치가 있는지 여부에 대한 평가 ② 어떤 동작의 지속력에 대한 평가. ①은 긍정형과 부정형에 모두 쓰이나 ②는 긍정형에만 쓰인다. 따라서 긍정형의 경우 ①의 의미로 쓰였을 수도 있고 ②의 의미로 쓰였을 수도 있다. (역주)
2) 앞의 ①이 물건에 대한 가치 평가(잃어버렸으면 그만이지 찾을 게 뭐 있어?)인 것과 달리 '잃어버린 물건이 많으니 찾는데 시간과 노력이 좀 들겠다'는 의미(지속). (역주)
3) 앞의 ②가 음식에 대한 평가(그 요리는 별로 먹을 게 없어)인 것과 달리 '고기를 많이 샀으니 꽤 오래 먹을 수 있겠다'는 의미(지속). (역주)
4) '몇 십 개나 되니 토론하는데 시간과 노력이 꽤 들겠다'는 의미(지속). (역주)

구형 접미사 '头'는 구사 접미사 '头'와는 다르다. 구사의 '头'로 구성된 명사는 독립적이지만, 구형의 '头'로 구성된 단어는 특정 형식에서만 쓰이며 평가성 의미를 나타낸다. 그러므로 동사 뒤에 '头'가 쓰인 경우 다음 두 가지 상황이 있을 수 있다.

> 예 找 - 找头₁ : '거스름돈'의 의미, 수량사를 붙일 수 있음. (三元找头)
>
> 找头₂ : 这些东西丢了算了, 没有什么找头了。
>
> 找头₂ : 丢的东西太多了, 要都找回来, 那是有找头了。

(6) 看

동사 뒤에 쓰여 시도의 의미를 나타낸다.

> 예 说说看　写写看　想想看
>
> 讨论讨论看　研究研究看　放大放大看

동사를 중첩하면 시도의 의미를 나타내게 되는데 여기에 '看'을 덧붙이면 시도의 의미가 훨씬 가중되고 짙어진다.
'看'은 또 아래 형식에서도 쓰인다.

> 예 A. 说一说看　说一下看　说一句看
>
> B. 问一问他们看　问一下他们看　问他们一下看
>
> C. 问你一个问题看

'看'은 분리성이 강하지만 어떻게 분리되어도 역시 동사에 속하며 동작을 시도한다는 의미를 나타낸다. 동사의 시도식嘗试式이라 할 수 있다.

(7) 得/不得

동사 뒤에 쓰여 동작의 가능(得) 혹은 불가능(不得)을 나타내며 가능식을 이룬다. '不得'는 복합 구형 접사이다.

例 ① 说得 - 说不得 (这件事说得/不得)
② 动弹得 - 动弹不得
收起得 - 收起不得
小看得 - 小看不得

②는 부정 형식이 자주 쓰이며, 긍정 형식은 주로 의문문에 쓰인다. '得/不得'가 나타내는 가능의 의미는 객관적인 것으로, 어떤 행동이 객관적으로 허용이 되는지 여부를 나타낸다.

(8) 得了/不了

복합 구형 접사로써 동사 뒤에 쓰여 동사의 완성 가능성 여부를 나타내며 완성을 나타내는 가능식을 이룬다.

例 吃得了 - 吃不了   完成得了 - 完成不了
跑得了 - 跑不了   说明得了 - 说明不了
保证得了 - 保证不了   推翻得了 - 推翻不了

이 때 '了'는 'liǎo'로 읽는다. 어떤 동작을 완성하는 것이 객관적으로 허용되는지 여부를 나타낸다. 일부 형용사의 경우에도 이 구형 접미사를 붙일 수 있다.

例 ① 这样做, 还会正确得了吗?
② 如果大家都按准则办事, 少数人要搞特殊化也就特殊不了。

(9) 得来/不来

동사 뒤에 쓰여 가능 혹은 불가능을 나타내는 복합 접사이다.

例 吃得来 - 吃不来   打扫得来 - 打扫不来
说得来 - 说不来   推销得来 - 推销不来
合得来 - 合不来   应付得来 - 应付不来

이 가능식은 주관적인 의미를 띠고 있으며 행위자가 이 동작을 할 수 있는지 여부를 나타낸다. 부정 형식으로 쓰이는 경우가 많다.

(10) 法(法子)

동사나 형용사 뒤에 쓰여 동작의 방식에 대한 평가 혹은 성질이나 상태의 정도에 대한 평가를 나타낸다.

> 예 ① 这个问题怎么讨论法(子)好呢?
> ② 这么吃法(子)对肠胃有害。
> ③ 脸这么红法(子)会不会有热度?
> ④ 在平时看, 你可能觉得他有些特别。怎么个特别法呢?
> 说不出, 你只能说, 他就是那么一个人。

예문을 보면 동사와 형용사를 명사로 바꾼 것처럼 보이며, '想法'와 같이 확실히 명사로 바뀐 것도 있다. 그런데 '讨论法'류의 대부분은 독립적인 단어가 아니며 어떤 어휘 의미를 말할 수도 없다. 일반적으로 앞에 '这么', '那么', '怎么'가 있는 형식에 쓰이며, 동작이나 상태에 대한 화자의 평가를 나타낸다.

(11) 起来

동사나 형용사 뒤에 쓰여 동작이나 행위가 나타나거나 형성되기 시작함을 나타내며 '시작태始事态'를 이룬다.

> 예 说起来　做起来　讨论起来　提高起来
> 红起来　忙起来　重要起来　丰富起来

'起来'는 경성으로 읽는다. 어떤 경우에는 목적어를 가운데에 끼워 넣어 '说起话来', '讨论起这个问题来'처럼 말하기도 하는데 복합 구형 접사의 분리성이 잘 나타난 부분이다.

(12) 下去

동사나 형용사 뒤에 쓰여 동작이나 상태가 계속 발전, 진전함을 나타내며 '계속태继事态'를 이룬다.

> **예** 说下去　做下去　讨论下去　缩小下去
> 　　红下去　忙下去　小下去　　骄傲下去

일반적으로 '下去' 중간에 목적어를 끼워 넣지 않는다.

(13) 的慌

동사나 형용사 뒤에 쓰여 정도가 너무 지나침을 나타내며 불만스럽거나 참을 수 없다는 느낌을 준다.

> **예** 急的慌　闷的慌　饿的慌　昏的慌
> 　　害怕的慌　冷清的慌　痒痒的慌

일반적으로 이런 류의 동사나 형용사는 비교적 소극적인 의미를 띤다.

(14) 巴

단음절 동사 뒤에 쓰여 '~巴~巴1)'식의 중첩 형태를 만들며 일반

---

1) '대충 건성으로, 조심성 없이 한다'는 의미를 나타낸다. 예) 画巴画巴就画成这张画了?(그리네 그리네 하더니 이거 그린 거야?) 그림을 그린다고 한참 그린 것이 변변찮은 것임을 알 수 있는 말투 / 弄巴弄巴你把东西都弄坏了?(가지고 놀다 놀다 망가뜨린 거냐?) 장난감을 만지작 만지작 하더니 결국 망가뜨리고 만 아이를 나무라는 상황을 떠올려 볼 수 있다. (역주)

적으로 어떤 동작을 대충 건성으로 하는 상황이나 상태를 나타낸다. 접사를 붙이는 방식과 중첩 방식이 결합된 형태변화법이다.

> **에** 洗巴洗巴　扫巴扫巴　画巴画巴　弄巴弄巴
> 捶巴捶巴　铰巴铰巴　拉巴拉巴

4.3 중첩법(重叠法)

4.3.1 중첩 방식

형태소나 단어를 중첩하여 하나의 어법 기능을 표시하고, 어떤 어법 특성을 설명할 수 있는 경우라면 구형적인 중첩이라 할 수 있지만, 그렇지 않다면 단순히 단어를 연용한 것이거나 수사적으로 반복하여 사용한 것이다.

현대 한어 형태변화법에서 중첩 방식은 크게 세 가지가 있다.

(1) 형태소 중첩

'干干净净', '热热闹闹', '摇摇晃晃'등과 같이 AABB형이다. 이 형식은 '黑乎乎', '通通红', '雪雪白'처럼 접사를 중첩한 ABB형 혹은 BBA형도 포함한다.

(2) 전체 단어 중첩

'锻炼锻炼', '研究研究', '哗啦哗啦', '轻松轻松'등과 같이 이음절 단어를 중첩한 ABAB형, '走走', '想想', '红红(的)', '快快(的)'등과 같이 단음절 단어를 중첩한 AA형이 있다.

(3) 접사 첨가 + 중첩

‘俗里俗气’, ‘啰里啰唆’ 같은 A里AB형, ‘酸不溜溜(的)’, ‘滑不济济(的)’ 같은 A不BB형, ‘扫巴扫巴’ 같은 A巴A巴형이 있다.

품사가 다르면 중첩하여 나타내는 의미와 어법 기능 또한 다르다. 중첩하여 어법적으로 변화를 일으키는 능력은 일반적으로 실사에만 있다. 다음 절에서는 품사별로 중첩을 설명한다.

4.3.2 명사 중첩

몇몇 단음절 명사는 중첩하면 하나하나 각각 지칭하거나 전체를 지칭하는 의미를 나타낸다.

> 예 ① 爱护公物, 人人有责。
> ② 家家都把红旗挂在门口。
> ③ 三百六十行, 行行出状元。
> ④ 祝你事事如意。

일부 이음절 명사는 중첩하면 전체를 지칭하는 의미를 나타낸다.

> 예 方方面面　字字句句　时时刻刻　角角落落　村村庄庄
> 子子孙孙　世世代代　祖祖辈辈　亲亲友友　神神道道
> 汤汤水水　头头脑脑　枝枝节节　是是非非　恩恩怨怨

이들 명사는 모두 단어구성법상 연합식 복합어에 속한다.

4.3.3 양사 중첩

양사는 허사에 속한다. 단음절 양사 거의 대부분 중첩이 가능하며 하나하나 각각 지칭하거나 전체를 지칭하는 의미를 나타낸다.

예 个个　张张　条条(条条道路通北京)

　　趟趟　顿顿　样样　声声　项项　块块

'米' '克' '秒' 같은 외래어 단음절 양사는 중첩할 수 없으며 복합어 양사도 중첩할 수 없다.

양사는 아래 예처럼 수사를 덧붙여 중첩할 수도 있다.

예 一张张　一件件　一声声　一趟趟　一个个

이들 모두 하나하나 각각 지칭하는 의미로 쓰인다.

4.3.4 동사 중첩

동사 중첩에는 아래와 같은 여러 유형이 있다.

(1) AA형

단음절 동사를 중첩하면 두 번째 음절은 경성으로 읽으며 동작을 짧고 가볍게 하는 느낌이나 시도의 의미를 나타낸다. 시도의 의미를 나타낼 때는 접사 '看'을 덧붙일 수 있다. (앞의 설명 참조)

예 想想　求求　看看　读读　问问　走走

(2) A—A형

AA형의 변이형으로 나타내는 의미는 같다. '一A'는 경성으로 읽으며 '一'는 접요사이다.

예 写一写　做一做　看一看　考一考　想一想

동사 사이에 목적어가 끼어 들 수도 있는데, 이때 목적어는 인칭 명사이거나 인칭 대명사이며 어느 정도 분리성을 가진다.

> **예** 考他一考　考小张一考

뜻은 각각 '考考他, 考一考他', '考考小张, 考一考小张'과 같다.

(3) A了A형

AA형의 완료태이다. '了'는 접요사이고 동작이 한 번 완성되었음을 나타내며 시도의 의미는 없다.

> **예** 看了看　算了算　打了打　走了走　问了问

(4) A了一A형

A了A형의 변이형으로 A一A형과 동일한 상황을 나타낸다.

> **예** 考了一考　考了他一考　考了小张一考

(5) AAB형

일부 동목 구조의 동사는 AAB형으로 중첩할 수 있으며 동작이 짧고 가벼움을 뜻한다.

> **예** 谈谈心　聊聊天　散散步　洗洗澡　帮帮忙
> 效效劳　吹吹风　尽尽力　注注意　解解闷

(6) ABAB형

이음절 동사를 중첩한 것이다. 의미는 AA형과 같으며 '了'가 들어간 완성태나 '一'이 들어간 변이형은 없다.

예 思考思考　打扫打扫　讨论讨论　提高提高

(7) AABB형

이음절 동사 중 적지 않은 수가 ABAB형 외에 AABB형으로도 중첩할 수 있다.(AABB형이 다 형용사의 구형 변화라고 할 수는 없다1)) AABB형 중첩은 동작이 빈번하게 발생한다는 의미를 나타내며 '반복체多次体'라고 할 수 있다.

예 摇摇晃晃　指指点点　缝缝补补　拼拼凑凑
　　躲躲闪闪　修修改改　争争吵吵

이런 류의 동사는 대부분 병렬식으로 구성되어 있는데 일부 AABB형은 하나의 이음절 동사에서 변화된 것이 아니라 단음절 동사 두 개를 중첩한 후 병렬하여 만들어진 것이다. 이들 또한 반복의 의미를 나타낸다.

예 哭哭啼啼　跌跌撞撞　吹吹拍拍　拉拉扯扯
　　说说笑笑　吃吃喝喝　来来去去

(8) A(B)来A(B)去형

동사에 방향 접미사를 붙여 중첩한 것으로 중간에 멈추지 않고 연속하여 읽으며 '来'와 '去'는 경성으로 읽는다. 동작을 반복하여 진행한다는 의미를 나타내며 '반복체反复体'라고 할 수 있다.

예 ① 想来想去还是想不出什么名堂来。
　　② 研究来研究去还是毫无结果。

---

1) AABB형 중에는 AB형 형용사를 중첩한 것과 AB형 동사를 중첩한 것이 있다.(역주)

③ 讨论来讨论去总算有了个比较一致的结论。
④ 走来走去像是在想什么心事。

(9) A不A형

이는 의문을 나타내는 중첩형이다[1].

> **예** 来不来　去不去　讨论不讨论　提高不提高

일부 이음절 동사는 첫 음절만 중첩할 수도 있다.

> **예** 知不知道　懂不懂得　应不应该　认不认识

의문형 중첩 형태도 사이에 목적어가 들어감으로써 분리될 수 있다.

> **예** 知道这件事不知道?　吃饭不吃?

이런 방식의 의문형은 형용사, 형사衡词[2], 단사断词[3]에도 적용
된다.

4.3.5 형용사 중첩

형용사 중첩에는 아래와 같은 여러 유형이 있다.

(1) AA(的)형

단음절 형용사를 중첩하면 두 번째 음절은 1성으로 강하게 읽는

---

1) 한국에서 흔히 정반(正反)의문문이라고 부르는 의문형이다. (역주)
2) 조동사(助动词), 능원동사(能愿动词)라고도 한다. (역주)
3) 계사(系词), 판단사(判断词)라고도 한다. (역주)

다. 일반적으로 원래의 형용사보다 정도가 더 강하다는 의미를 나타낸다.

> 예 红红(的)　高高(的)　快快(的)
> 轻轻(的)　大大(的)　饱饱(的)
> 足足(的)　宽宽(的)　淡淡(的)

(2) AABB(的)형

이음절 형용사의 중첩형은 네 번째 음절을 강하게 읽는다. 원래의 형용사보다 정도가 더 강하다는 의미를 나타낸다.

> 예 朴朴素素(的)　老老实实(的)　客客气气(的)
> 清清楚楚(的)　干干净净(的)　普普通通(的)

(3) ABB(的)형

단음절 형용사 뒤에 생동 접미사를 중첩하여 붙인 형태이다.

> 예 甜津津(的)　白茫茫(的)　黄乎乎(的)　湿漉漉(的)
> 香喷喷(的)　直挺挺(的)　软绵绵(的)

일부 단음절 명사와 동사도 이런 중첩 방식으로 형용사를 만들 수 있다.

> 예 水汪汪(的)　气呼呼(的)　油光光(的)　汗涔涔(的)
> 闹哄哄(的)　兴冲冲(的)　昏沉沉(的)　眼巴巴(的)

생동 접미사는 단음절 형용사 A 뒤에 붙어 말의 다양한 색깔과 느낌을 나타내준다.

> 예 红通通　红堂堂　红希希　红扑扑
> 冷冰冰　冷飕飕　冷希希　冷清清

(4) BBA(的)형

단음절 형용사 앞에 생동 접두사를 중첩하여 붙인 형태이다.

> 예 笔笔直　喷喷香　墨墨黑　冰冰冷　碧碧绿
> 梆梆硬　滚滚圆　通通红　蜡蜡黄

표준어에서 이런 형식은 ABB형보다는 덜 사용되고 변화도 많지 않으며 상응하는 이음절 형용사가 있는 경우도 있다.

> 예 笔笔直 - 笔直　冰冰冷 - 冰冷

그런데 BBA형의 구조는 '笔笔/直'이지 '笔/笔直'인 것은 아니다. 의미상으로 보면 이런 중첩형은 원래의 형용사보다 성질이나 상태의 정도를 더 강화하여 나타낸다.

(5) ABAB형

이것은 앞 (4)번 형식을 확장, 강화한 것이다.

> 예 笔直笔直　喷香喷香　冰冷冰冷　滚圆滚圆
> 碧绿碧绿　雪白雪白　漆黑漆黑

(3), (4), (5)는 동일한 형용사가 다양하게 형태 변화를 하는 세 가지 방식이다.

> 예 红：红通通 - 通通红 - 通红 - 通红通红
> 冷：冷冰冰 - 冰冰冷 - 冰冷 - 冰冷冰冷
> 圆：圆滚滚 - 滚滚圆 - 滚圆 - 滚圆滚圆

(6) AABB형

이 형식은 (2)의 이음절 형용사를 중첩한 것과는 달리, 단음절 형용사 두 개가 각각 중첩되어 이루어진 것으로 'AA+BB'의 관계이다. 의미가 혼합되어 있고 음을 연속하여 읽어야 하므로 형태변화법의 중첩이라 할 수 있다. 이런 중첩 방식으로 나타내는 의미는 단순하지 않고 복잡 다양하므로 '번잡체紛繁体'라 할 수 있다.

> **예** 红红绿绿　大大小小　歪歪斜斜　好好丑丑
> 长长短短　高高低低　弯弯曲曲　凹凹凸凸

(7) A里AB형

> **예** 糊里糊涂　慌里慌张　土里土气　龌里龌龊
> 马里马虎　马里麻烦　傻里傻气

이런 형식은 혐오스럽다는 느낌을 나타내며 원래 형용사의 뜻도 비교적 소극적이고 부정적인 의미를 띠고 있다.

4.3.6 부사 중첩

부사를 중첩하는 경우는 많지 않다. 일부 단음절 부사만 중첩할 수 있으며 중첩 후 의미가 더 강화된다.

> **예** 刚 – 刚刚 (刚去 : 刚刚去)
> 最 – 最最 (最多 : 最最多)
> 顶 – 顶顶 (顶远 : 顶顶远)
> 白 – 白白 (白吃 : 白白地吃了顿)
> 仅 – 仅仅 (仅有 : 仅仅有)
> 常 – 常常 (常来 : 常常来)
> 单 – 单单 (单讲 : 单单讲)
> 渐 – 渐渐 (渐少 : 渐渐少下去)
> 恰 – 恰恰 (恰好 : 恰恰好)
> 稍 – 稍稍 (稍大一点儿 : 稍稍大一点儿)

4.4 한어 형태변화법 특징에 대한 토론

4.4.1 한어 형태변화법에 대한 여러 관점

지금까지 현대 한어의 구형법(형태변화법)에 대하여 개략적인 설명을 하였다. 그런데 학계에는 상술한 형태변화법에 대해 서로 다른 견해가 존재한다. 주로 구형 접미사의 성질에 관한 것인데 서로 견해가 일치하지 않고 있다.

(1) 한어에 일정한 형태변화법이 있다는 견해

왕력王力, 잠기상岑麒祥 선생은 '们'과 '了, 着, 过'등은 구형 접미사에 속한다고 밝혔다.[1] 유민俞敏, 육종달陆宗达 선생도 한어에 형태변화법이 있다고 여겼으며 음성 변화 수단으로 운용되는 형태 변화의 실례를 제시하기도 하였다.[2] 또한 호유수胡裕树 선생도 한어 형태변화법에 대한 연구에 무척 힘을 기울였다.[3]

(2) 한어에 일정한 형태변화법이 없다는 견해

고명개高名凯 선생은 이런 견해의 대표적인 학자로서, 가장 좁은 의미의 형태론에서 출발하여 어근과 형태 변화 부분이 절대로 분리될 수 없는 단어에만 형태변화법이 존재한다고 하였다. 또한 한어에서 어근은 독립적으로 존재할 수 있으며 '们'과 '着'등은 어법 작용을 표시하는 일종의 어법 수단 혹은 보조 단어일 뿐 형태변화법에 속하

---

1) 王力〈关于汉语有无词类的问题〉, 《汉语的词类问题》(第二集) p.46~56, 中华书局, 1956. 岑麒祥 《语法理论基本知识》, 时代出版社, 1957.
2) 俞敏, 陆宗达 《现代汉语语法》(上), 群众书店, 1954.
3) 胡裕树,〈从'们'字谈到汉语语法的特点〉, 《语文园地》, 1985年 第12期.

는 것은 아니라고 주장하였다.[1] 그런데 정말 이렇게 엄격하다면 영어의 'book'은 독립적일 수 있고, 복수 표시법인 'books' 또한 형태변화법에 속하지 않는다는 말인데 이런 논리는 어법 학자들이 받아들이기 무척 어렵지 않을까 싶다. 일반적으로 보조사는 독립된 뜻이 없으며 각 단어 간, 각 통사 성분 간, 각 문장 간의 관계를 분명하게 나타내는데 쓰이는 것이라고 본다. 그런데 '们', '着'와 같은 형태소로는 단어나 문장 간의 관계를 나타낼 수 없으며, 이들은 어떤 단어에 부가되는 접사로써[2] 구조 내에서 단어의 변화를 나타내는 역할을 한다.

(3) 한어에 형태변화법이 있긴 있으나 주로 보조사(대부분은 조사)를 첨가하여 구성한다는 견해

인칭 명사에 보조사 '们'을 붙여 복수를 표시하는 형태변화법이 있고, 동사에 '了, 着, 过, 起来, 下去' 같은 보조사를 붙여 여러 가지 동태를 나타내는 형태변화법이 있다는 견해이다. 장수강张寿康[3] 선생은 이런 견해의 대표적인 학자이다. 사실 형태변화법이 단어의 변화를 가리키는 것이라면 당연히 '们'과 같은 부류의 것을 단어에 속하는 것으로써 구형 접미사로 보는 것이 훨씬 합리적이다. 물론 형태변화법에서는 당연히 형태 분석을 하게 되는데, 서로 상응하는 관계에 있는 단어 내에서 이루어지는 형태 변화가 하나의 체계 안에 있을 때 비로소 형태 변화의 의미와 작용을 갖는다. 그렇지 않다면 형태변화로 보기는 어렵다고 본다. 이런 것을 보조사로 보는 견해는 (2)에서 이미 설명하였다.

---

1) 高名凱, 〈关于汉语的词类分别〉, 《汉语的词类问题》(第一集), p.45~49, 中华书局, 1955.
2) 锺棪, 《汉语的词类问题》, p.102.
3) 张寿康, 《构词法和构刑法》, p.58~72, 湖北人民出版社, 1981.

⑷ 한어에 엄격한 의미의 형태 변화는 결여되어 있다 혹은 형태 변화가
　발달되지 않았다고 보는 견해

　여숙상呂叔湘 선생은 이에 대하여 다음과 같이 몇 가지 논증을 한
바 있다.[1] 첫째, 형태 표지가 있는 어법 범주는 그다지 많지 않은데
한어에는 몇몇 중요한 어법 표지가 완전히 없다. 예를 들어 명사와
형용사의 격, 동사의 시제와 인칭 등이 없다. 둘째, 어떤 것은 형태
표지 역할을 하는 것으로 볼 수도 있는데, 어법 범주로써 보편적으로
적용되지는 않는다. 예를 들어 복수 표지 '们'은 인칭 명사에만 쓸 수
있고 사물을 가리키는 명사에는 쓸 수 없다는 제한이 있다. 셋째, 어
느 정도 임의성이 있어서 어떤 때는 써도 되고 어떤 때는 쓰지 않아
도 된다. 예를 들어 '大院里的孩子们都听石爷爷的话'에서는 '们'을
쓰지 않아도 된다.

　이러한 형태 변화 성분은 '老师和同学们'에서와 같이 단어에 붙일
수도 있고 '讨论并通过了'에서와 같이 구에 붙일 수도 있는데 이 점
은 한어에 형태변화법이 있는지 없는지 혹은 형태변화법 문제로는
어떤 것이 있는지에 대하여 토론의 여지를 남겨 두게 되는 부분으로
써 가장 대표적인 것이기도 하다.

4.4.2 한어 형태변화법에 관한 몇 가지 원칙적인 설명

　한어의 형태변화법 문제에 대한 고찰과 토론을 위하여 우선 몇 가
지 원칙적인 설명을 하고자 한다.

　⑴ 형태의 유무 혹은 다양함의 여부를 근거로 어떤 언어를 발달
된 언어 혹은 뒤떨어진 언어라고 논하거나 우열을 가릴 수는 없다.

---

1) 呂叔湘,《汉语语法分析问题》, p.11,92, 商务印书馆, 1979.

형태 변화가 있으면 발달된 언어이고 우수한 언어이며, 형태 변화가 결여된 언어는 뒤떨어지고 열등한 언어라는 관점은 대단히 잘못된 것이다. 반대로 형태 변화가 없는 언어는 진보된 언어, 우수한 언어이고 형태가 복잡한 언어는 뒤떨어진 언어, 열등한 언어라는 관점 또한 터무니없다. 왜냐하면 어떤 언어든 그 언어를 사용하는 사회 집단 구성원에게는 그 사회에서 필요로 하는 기능을 충분히 해낼 수 있는 교제 도구이기 때문이다. 또한 인류 문명의 발달이라는 관점에서 보면 모든 언어가 다 가치 있고 창조적인 부호 체계이며, 귀중한 정보의 보고이기 때문이다.

(2) 있으면 모두 있고, 없으면 모두 없다는 극단적인 태도를 취하는 것은 좋지 않다. 한어의 형태론 문제에 대하여 형태 변화가 있다고 하면 무엇이든 다 형태 변화로 보고, 형태 변화가 없다고 하면 무엇이든 다 형태 변화가 아닌 것으로 보면 안 된다는 말이다. 사실상, 언어의 형태론 규칙은 어떤 격식이나 수단에 절대적으로 얽매일 필요가 없다. 형태가 다양한 언어도 형태 변화가 아닌 방식을 사용할 수 있고, 형태가 다양하지 않은 언어도 형태 변화 방식을 사용할 수 있다. 즉 형태 변화라는 어법 방식의 측면에서 보면, 각 언어는 사용 정도와 방식에 있어서 각각 개성을 나타내게 되며 어떤 형식이나 형태소가 한 단어의 어법 특징을 나타내는 표지로 사용될 때 이 형식이나 형태소는 모종의 형태 유형이 된다.

(3) 한어의 형태변화법의 특징에 대한 토론은 당연히 형태가 발달한 언어와 비교해야 하지만 억지 비교를 하면 안 된다. 정확하게 비교하면 특징이 확실하게 드러나지만, 대충 억지로 비교하면 오히려 특징이 모호해질 수도 있다. 예를 들어 한어의 '们'에 복수를 나타내는 어법 기능이 있다고 해서 영어의 복수를 나타내는 '－S'와 같다고

생각하여 둘을 동등하게 취급할 수는 없다. 반대로 '们'은 '-S'와 다르다 하여 '们'의 형태 의미와 작용을 간단히 부정해버리거나, 심지어 한어에 존재할지도 모르는 형태변화법 전체를 부정해버리면 안 된다.

4.4.3 현대 한어 형태변화법의 특징

현대 한어에는 형태변화법이 존재하지만 형태가 발달한 언어와 비교하면 다른 부분이 상당히 많다.

(1) 사용 범위가 넓지 않고 제한적이다

전체적으로 볼 때 한어에서 형태변화법은 인도-유럽어에서처럼 광범위하게 사용되지 않는다. 즉, 형태변화법은 한어에서 광범위하게 사용되는 기본 어법 수단이 아니다. 또한 어떤 형태변화법은 선택 조건이 비교적 제한적이며 활용 범위가 넓지 않다. 예를 들어 복수를 나타내는 '们'은 인칭 명사에만 쓸 수 있으며 모든 명사에 다 쓸 수 있는 것이 아니다. 또, 동태를 나타내는 '了', '着', '过' 등도 모든 동사에 쓸 수 있는 것은 아니다. 그래서 한어의 이러한 형태변화법은 어떤 어법 범주를 나타내기에는 보편성이 결여되어 있다는 주장도 있는데 이에 대해서는 토론의 여지가 있다. 이를 두고 王力 선생은 다음과 같은 의견을 피력한 적이 있다. "어떤 규칙이 보편적이라는 말은 동일한 상황(동일한 조건)에서 보편적이라는 의미이다."[1] 이렇게 보면 인칭 명사의 무리와 복수를 나타낸다는 이런 조건에서 '们'은 보편성이 있는 것이며, 다른 명사에는 적용되지 않는다는 이유로 형태변화법의 보편성을 부정할 수는 없다. 마찬가지로 '了', '着', '过'

---

1) 王力, 〈关于汉语有无词类的问题〉, 《汉语的词类问题》(第二集), p.52.

또한 동사를 선택하는 조건이 있으며 이는 동사의 유형에 따라 활용 정도가 다르다는 것을 의미한다. 그런데 '了', '着', '过'가 활용되는 동사의 유형을 보면 여기에도 보편성이 있다. 그렇지 않다면 전혀 규칙성이 없는 것이 된다.

한어의 형태변화법에 일정한 선택성이 있다는 것은 품사들의 하위 범주를 이해하고 분석하는데 도움이 된다.

(2) 강제성이 적고 어느 정도 융통성이 있다

한어는 어떤 형태변화법의 사용 여부에 대한 강제성이 크지 않다. 예를 들어 무리를 나타내는 '们'은 사용 여부가 상당히 융통적이라 '老师们都来了'와 '老师都来了'는 뜻이 완전히 같다. 여기에서 '老师'는 무리의 의미로 쓰였으며 '们'을 붙일 지 여부가 꽤 자유로운 편이다. 동사 접미사 '了', '着'도 이런 경우가 있다. 예를 들어 '他买回来了一台冰箱'과 '他买回来一台冰箱'의 뜻이 같고, '他正吃着饭呢'와 '他正吃饭呢'의 뜻도 같다. 동작의 완성태나 지속태를 나타내는 '了'와 '着' 역시 반드시 사용해야 하는 것은 아니다. 그래서 한어의 형태변화법에는 임의성이 있다고 보는 견해도 있다. 그러나 '임의성'이라는 말은 정확한 표현이 아닌 것 같다. 사실, 한어의 형태변화법은 어법 의미를 표시하는 것에 대해 충분조건이지 필요조건은 아닌 경우가 많다. 예를 들어 '们'을 쓰면 복수를 나타내게 되지만, 복수를 나타내기 위해 꼭 '们'을 써야 하는 것은 아니다. 마찬가지로 '了', '着'를 쓰면 분명 동작의 완성태와 지속태를 나타내는데, 쓰지 않더라도 같은 어법 의미를 나타낼 수 있다. 인도-유럽어에서는 어떤 어법 범주를 나타낼 때 형태 변화가 필요조건이면서 충분조건이지만, 한어에서는 단지 충분조건일 뿐이다. 바로 이런 이유로 한어 형태변화법에는 융통성이 있다고 말할 수 있다.

(3) 점착성이 강하지 않고 어느 정도 분리성이 있다

한어의 구형접미사는 어떤 경우에는 점착성이 강하지 않아 분리되는 경향이 있다. 다음 두 가지 상황을 살펴보자.

첫째, 구형접미사 '们', '了' 등은 단어 뒤에 자주 쓰일 뿐 아니라 어떤 경우에는 구에 쓰이기도 한다. 예를 들어 '这所学校的老师和同学们积极性很高'와 '我们看到并学到了许多好东西'는 같은 접미사를 병합하거나 생략한 것으로 볼 수 있다.

둘째, 구형 접사는 부가된 성분과 분리되는 경우가 있다. 예를 들어 '시도'를 나타내는 '看'(想想看, 吃吃看)은 어떤 때는 '你做做这道题看', '问他们一下看'에서처럼 동사에서 멀리 떨어질 수 있다. '看'은 분리성이 매우 강해서 조사로 보는 사람이 많다. 사실 '看'은 어떻게 분리되든 동사에 속하며 동작의 시도를 나타내는 데 쓰인다. 즉, '看'의 어법 의미와 접사 부가 기능은 모두 동사를 지향하고 동사에 귀결되지, 단어나 문장간의 관계에 있지 않다.

상술한 (1)~(3)은 현대 한어 형태변화법의 특징이라 할 수 있다. 한어 형태변화법에 대한 연구는 아직 충분하지도 깊지도 않다. 어떤 때는 네모꼴 한자에 현혹되어 진면목을 완전히 뚜렷하게 볼 수 없는 경우도 있음을 말하지 않을 수 없다.

5 / 품사 : 한어 형태론의 핵심

5.1 형태론에서 품사의 위치

5.1.1 형태론 내용의 몇 가지 측면

형태론이 포함해야 할 기본 내용에 관해서는 앞에서 이미 서술하였지만 다시 정리하면 아래와 같이 세 가지로 귀납할 수 있다.

(1) 단어구성법(构词法) : 단어의 구성, 구조 규칙에 관한 것.
(2) 형태변화법(构形法) : 단어의 형태 변화 규칙에 관한 것.
(3) 품사(词类) : 단어를 어법 기능상의 특징에 따라 분류한 것으로, 각 품사의 기능 속성을 밝혀 체계적으로 설명한 것.

5.1.2 품사는 형태론의 기본 과제이다

품사는 형태론 분야에서 없어서는 안 되는 부분으로써 형태론 규칙을 설명하는 데 필수적인 기본 내용이며, 형태론 연구에 있어 중대한 기본 과제이다. 왜냐하면 품사는 형태론과 통사론의 접합 부분이며, 품사 분류는 통사 구조를 분석하는 것과 직접적이고 밀접한 관계가 있기 때문이다. 특히 한어 어법에서는 품사 문제의 중요성이 더욱 현저하게 눈에 띈다.

5.2 품사는 한어 형태론의 주된 내용이다

한어 형태론에서 형태론의 세 가지 내용이 차지하는 비중은 각각 다른데 확실히 품사에 치중하고 있다고 말할 수 있다. 한어 형태론의 중심은 품사에 있으며 그 이유를 살펴보면 다음과 같다.

(1) 한어 단어구성법의 특징이 다양하지 않다

한어의 단어구성법의 기본 특징은 통사적인 수단으로 복합어를 구성하는 것이다. 그래서 현대 한어의 단어 구성 방식은 문장의 구성 방식과 일치하는 부분이 많고, 형태론적 구조를 분석하는 방법에 있어서도 통사 구조를 분석하는 원칙과 방법의 도움을 받고 있다. 상대적으로 한어 단어구성법 자체는 확실히 특징이 별로 다양하지 않다.

(2) 한어에서 형태변화법은 주요 어법 수단이 아니다

한어에도 어느 정도 형태변화법이 있기는 하지만 전체적으로 보면 형태변화법은 광범위하게 사용되는 어법 수단이 아니며 접사 부가법과 중첩법을 기본 유형으로 한 것으로 그다지 복잡하지 않다. 이처럼 현대 한어의 형태변화법은 다양성과 중요성에 있어서도 당연히 인도 - 유럽어에 비할 게 못 되며, 인도 - 유럽어와 달리 형태론에 중대한 영향을 끼칠만한 지위를 점할 수도 없다.

(3) 한어에서 단어의 어법 성질은 형태보다는 기능적인 면을 고찰해야 한다

한어는 단어의 형태가 별로 풍부하게 발달되지 않아서 단어의 어법 성질과 특징을 형태로는 알아차리기 어려우므로, 구절 구조에서 단어의 활동 능력이 어떤지 기능적인 면을 살펴보아야 한다. 따라서 단어의 기능 연구는 한어 형태론의 중점 내용이라 하지 않을 수 없다.

형태론 연구는 결국 단어의 어법상의 기능적 속성을 밝혀 설명하고, 단어가 어떻게 배합과 배열에 참가하는지 또, 어떤 규칙과 제약 하에 적법한 어구를 만드는지 알려준다. 단어의 기능적 속성을 규칙에 따라 체계적으로 설명해내는 것, 이 일이 바로 품사 분야에서 해야 할 일이기도 하다. 어떤 한 언어에서 단어의 어법 기능상의 특징은 그 언어의 품사 계통과 각 품사의 자질 속성에 반영된다. 따라서 품사 구분은 자연히 한어 형태론의 중요한 내용이 되는데, 한어는 단어의 기능적 속성이나 품사 체계를 드러내는 표지가 될만한 형식이 결여되어 있어 품사를 구분하는 일은 더더욱 어려운 점이 많다. 그러므로 품사 연구를 한어 형태론 연구의 중점으로 삼는 것은 반드시 필요한 일이다.

지금까지 한어 형태론의 두 가지 내용인 단어구성법과 형태변화법을 개략적으로 토론하였다. 다음 장에서는 한어의 품사 문제를 중점적으로 토론하기로 한다.

제2편
한어 단어의 기능적 분류

품사에 대한 인식

1.1 품사는 오래되었으면서도 항상 새로운 과제이다

어법학에서 품사는 오래되었으면서도 항상 새로운 과제이다.

오래되었다고 말하는 이유는, 어법학은 품사 분류부터 시작하여 성립되었다고 말할 수 있기 때문이다. 고대 인도와 그리스의 가장 이른 시기의 어법 체계는 언어의 품사체계에서부터 시작되었다. 서양 전통 어법에서 말하는 여덟 개의 품사는 기원전 2세기의 책인《그리스어 어법》(Dionysius Thrax[1])가 저자라고 전해지고 있음)에서 여덟 개로 나눈 방식이 계승되어 전해 내려오는 것이다. 이런 분류는 지금도 학교 문법에서 여전히 많든 적든 어느 정도 사용되고 있으며 아직도 영향력이 있다.

새롭다고 말하는 이유는, 어떤 어법 체계든 어법 체계를 세우려면 품사 문제에 대해 설명해야 하고 또한 새로운 것을 제시하거나 포함해야 하기 때문이다. 구조주의 문법, 변형생성문법, 범주문법 등은 어법 구조에 대한 이론적 인식과 분석 방법이 각각 다르고, 품사에 대한 견해와 품사 체계 또한 다른 부분이 있다. 게다가 품사 문제 자체가 원래 복잡해서 어법학에서 품사 문제는 줄곧 뜨거운 논의가 끊이지 않고 있다. 백여 년이 채 안 되는 한어 어법학사를 보자면, 1930년대에 있었던 '중국 문법 혁신 토론中国文法革新讨论'은 한어의

---

1) (B.C.170~B.C.90)고대 그리스의 철학자, 문법학자. 로마와 로도스 등지에서 활동하였다고 전해짐. (역주)

품사 문제를 중심으로 하여 전개되었고, 1950년대 또 한바탕 한어 품사 문제에 대한 대토론이 있었다. 근래에 들어서는 형식 어법이나 정보 어법이 컴퓨터가 자연언어를 정보화하기에 적합한 한어 품사 체계를 연구하는데 힘쓰고 있다.

품사 연구의 성과는 언어 구조에 대한 인간의 인식과 분석의 발전과 깊이를 반영하고 있다.

1.2 품사와 형태류(形类)

품사(part of speech)는 전통 어법학에서 확립된 것이다. 그런데 전통 어법에서 단어를 분류할 때 운용한 기준이나 범주는 하나로 일관된 것이 아니었으며, 논리적 개념과 구조적 범주를 교차하거나 혼합하여 사용하는 방식이었다. 즉, 단어가 문장 성분이 될 때의 논리적 의미에 따라 분류하기도 하고(어떤 때는 심지어 한 단어의 개념적 의미이기도 함), 단어가 문장에서 어떤 기능을 하는지 혹은 다른 단어와 어떤 관계인지에 따라 분류하기도 하였다. 게다가 논리적 범주에 의존하는 경우가 상당히 많았기 때문에 언어가 달라도 품사 개수나 성질에 대한 설명(정의)이 같거나 비슷한 경우가 종종 있게 된다. 20세기 이래 많은 어법학자들이 품사 연구에 있어 다음 두 가지 사항에 주력하고 있다.

- 분류는 어법 구조 범주를 기초로 하며, 품사 분류의 기준에 일관성이 있어야 한다.
- 실제의 구체적인 언어에 근거하여 품사 체계를 수립하고 각 품사의 성질을 명확하게 밝힌다.

묘사언어학에서 형태류(form class)를 제시한 것은 이러한 노력이 반영된 것이라 보아도 무방할 것이다. 형태류란 기능에 따라 분류한 언어형식을 말한다. 블룸필드는 "어떤 기능이든 공통적인 기능을 가진 어휘 형식은 동일한 형태류에 속한다."라고 하였다. 형태류의 이런 분류 원칙과 방법은 전통 어법에서 말하는 품사와 다소 다른 점이 있는데, "형태류는 의미에 근거하여 규정할 수 없으며 단지 언어(어휘 혹은 어법)의 특징에 근거해서만 규정할 수 있다"는 점이다. 그는 또한 "모든 언어에서, 다른 형태류는 다른 통사적 위치에 제한된다.", "단어의 형태류는 통사론의 기본이다"[1]라고 하였다. 그렇다면 우리가 품사를 '단어를 어법상으로 분류한 것'이라고 규정할 때, 품사는 일종의 형식류이며 단어의 형태류라고 말할 수 있다.

1.3 한어 품사 문제에 대한 공통된 인식

한어 어법 연구에 있어 품사 문제에 대한 여러 가지 이론과 견해가 존재한다. 마건충马建忠의 '글자에 일정한 품사는 없다字无定类'는 설, 여금희黎锦熙의 '문장에 의존하여 품사를 논할 수 있다依句辨品'는 설, 王力의 '개념분류概念分类'설, 高名凯의 '중국어 실사는 품사를 나눌 수 없다汉语实词不能分类'는 설, 방광도方光焘의 '광의형태广义形态'

---

1) Bloomfield 《语法论》汉译本, p.333, 337, 341.
   "모든 언어에서, 다른 형태류는 다른 통사적 위치에 제한된다"는 "所有的语言都把不同的形类限制在不同的句法位置上"(汉翻本 p.341)을 번역한 것인데 이 문장의 '모든 언어'라는 부분이 미심쩍어 원서를 찾아보니 다음과 같은 문장이다. "They occur in all languages that limit different form-classes to different syntactic positions."(Bloomfield, p.271, 2010) '모든 언어에서 다른 형태류는 다른 통사적 위치에 제한된다'라는 의미가 아니라, '다른 형태류를 다른 통사적 위치에 제한하는 모든 언어에서 일어난다'라는 의미이다. 같은 문장의 한역본(韩译本) 번역은 다음과 같다. "상이한 형태부류를 상이한 통사적 위치로 제한하는 모든 언어에서 일어나기 때문이다."(김정우 옮김, p.446, 2015) (역주)

설, 陳望道의 '기능功能'설 등등. 이 외에 또 呂叔湘의 관점은 '의미' 설에서부터 '구조관계'설, '기능'설로 흐르고 있다. 이들 모두 한어 어법학에서 품사 이론이 걸어온 발자취를 반영하고 있으며, 한어 품사 문제에 대한 공통된 인식이 점차적으로 형성되어가고 있음을 나타내고 있다고 말할 수 있다.

(1) 한어 단어는 어법적으로 분류될 수 있다

프랑스 학자 앙리 마스페로Henri Maspero[1]등 일부 외국 학자들은 인도 - 유럽어의 형태 어법의 시각으로 한어를 보고 한어 단어는 분화되지 않았으며 명사, 형용사 등의 품사 구분이 없다고 말하기도 하였다. 앙리 마스페로의 관점을 따르는 것으로 보이는 高名凱는 품사 분류는 단어의 형태 변화를 기준으로 할 수 있을 뿐인데 한어는 단어의 형태 변화가 없으니 실사에 품사 구분이 없다고 보았다[2]. 한어에 품사 구분이 있는지 없는지는 이론과 실제 양쪽에서 모두 매우 중대한 문제이다. 그래서 高名凱의 관점은 발표되자마자 바로 1953년부터 1954년까지 한어 품사 문제와 관련된 대토론을 일으켰다. 언어학자의 절대다수는 高名凱의 관점에 동의하지 않았다. 학자들 대부분 민족 언어마다 어법 특징에 다른 부분이 있고, 품사 분류의 특징 또한 다른 부분이 있게 마련이라고 보았다. 또한 한어에는 다양한 형태 변화가 없지만 한어의 어법 특징에 따라 충분히 품사를 구분할 수 있다고 보았다. 한어의 품사 구분은 객관적으로 존재하며, 이는 한어 어법에 규칙이 있고 체계가 있음을 보여주는 것이기도 하다.

---

1) (1883~1945) 프랑스의 동양학자. 형태를 품사 분류의 기준으로 보았던 Henri Maspero 한어에는 어법 범주가 따로 없으며 따라서 품사 또한 없다고 하였다. '한어에는 형태(변화)가 없으니 품사 분류도 없다'고 한 高名凱의 관점과 비슷하다. (역주)
2) 高名凱, 〈关于汉语的词类分别〉, 《汉语的词类问题》(第一集) p.43~45, 中华书局, 1955.

(2) 한어의 품사는 단어의 의미를 근거로 분류할 수 없다

한어 어법 연구에서는 꽤 오랫동안 의미를 기준으로 품사를 분류해왔다. 이렇게 의미에 따라 분류하여 이루어진 품사 체계는 어법 규칙을 밝혀 설명하는데 큰 가치가 있지는 않지만 '논리학 혹은 심리학상의 분류'를 이루었다.[1] 그런데 단어가 통사 구조 속에 들어간 후의 어법 작용과 성질에 대한 설명은 또 모종의 '가공'을 거쳐야 하는데, '품사의 통가通假'니 '본성변성本性变性'이니 명사의 '위位'(혹은 '차次')니 '삼품설三品设'이니 하는 것들은 다 일종의 가공 형식이다. 이런 가공 형식은 한어 단어의 어법 규칙에 대하여 복잡하고 잡다하게 설명할 뿐 요점은 없는 경우가 많았다. 1950년대 품사 문제에 관한 토론을 거치면서 학자들은 단어의 의미에 따라 품사를 분류하는 방법은 취할 바가 못 된다는 것을 점점 확실하게 인식하게 되었다. 王力, 吕叔湘 선생도 단어의 의미에만 근거하여 품사를 구분한다던 이전의 주장을 버린다고 분명히 밝혔다. 그런데 단어의 의미에 따라 품사를 분류하는 방법의 잠재적인 영향은 역시 무시할 수 없는 것이었다. 그래서 주덕희朱德熙 선생은 명확하게 다음과 같은 의견을 제시해야 했다. "단어의 의미는 분류 기준에서 제외해야 한다."[2] 朱德熙 선생의 이런 이론상의 철저함은 품사 체계의 과학성을 보장하기 위해 꼭 필요한 것이었다.

(3) 한어의 품사는 형태를 근거로 분류할 수도 없다

실제로 한어 어법을 보면, 단어의 형태 변화를 본다든지 하는 방법은 기본 어법 수단이 되기에는 부족하다. 그러므로 한어 단어의 어법 특징을 설명할 때 형태 변화는 완전하고 명확한 근거가 될 수 없으

---

1) 王力 《中国语法理论》(上册) p.24, 中华书局, 1954.
2) 朱德熙 《词义和词类》, 《语法研究和探索》(五), p.3, 语文出版社, 1991.

며, 당연히 품사 분류 또한 형태를 기준으로 삼을 수 없게 된다.

어법 이론상으로 보면 품사는 단어를 어법 기능에 따라 분류한 것이다. 형태는 기능에 대한 일종의 형식적 표징이고 외재적 표지이다. 형태가 다양한 언어는 형태를 분류의 기준으로 삼을 수 있지만 결국 형태에 따라 나눈 품사가 반영하고 설명하는 것은 단어의 어법 기능상의 분류이다. 그렇지 않다면 분류된 품사는 어법 분석에 별 가치가 없다. 陈望道 선생은 "표지 기능이 있는 형태만이 분류에 의미가 있다. 형태에 근거하여 분류된 품사는 결국은 기능상의 분류이다."[1]라고 명확히 지적했다. 朱德熙 선생 또한 같은 견해를 피력한 바 있다. "형태가 다양한 언어는 형태에 근거하여 분류할 수 있다. 형태는 기능을 반영하며 기능의 표지이기 때문이다. 직접적으로 형태를 근거로 한 분류는 사실상 간접적으로 기능을 근거로 한 분류이다."[2] 이러한 논설은 모두 형태는 품사 분류의 근본적인 근거가 되지 못함을 말해준다.

(4) 한어의 품사는 '여러 가지 기준'에 근거하여 분류할 수도 없다

1950년대 한어 품사 문제에 대한 토론에서는 의미 혹은 형태(단어 형태 변화)에만 근거하여 품사 분류를 하는 견해를 부정했다. 그런데 한어 품사 분류는 의미, 형태, 기능 세 가지가 결합된 종합적인 기준, 즉 여러 가지 기준으로 해야 한다는 견해를 제기하는 사람도 있었다. 사실, 논리적으로 말하자면 여러 개의 기준은 기준이 없는 것이나 마찬가지다. 의미, 형태, 기능이라는 세 가지 다른 층면과 다른 각도의 기준을 혼용하면 합리적으로 품사 분류를 하는 것은 불가능하다.

---

1) 陈望道 《文法简论》, p.56, 上海教育出版社, 1978.
2) 朱德熙 《词义和词类》, 《语法研究和探索》(五), p.3, 语文出版社, 1991.

이러한 다기준설은, 당시 소련 언어학계에 유행하던 '어휘 문법 범주론'을 맹목적으로 선진 이론으로 받아들였던 경향과 관련이 있다. 이에 대해 陳望道 선생은 어법상의 문제를 어휘 쪽으로 떠넘긴 것이라고 지적했다. "품사를 어휘·어법 범주라고 말하는 것은 품사가 어휘상의 분류이기도 하고 문법상의 분류이기도 함을 의미한다. 또한 동시에 단어의 어휘 의미와 문법 특징에 따라 품사를 분류할 것을 주장하는 것이다."[1] 朱德熙 선생도 이에 대해 "어법 앞에 어휘를 더하는 것은 단어의 의미를 끌어들이기 위함이다."[2]라고 지적한 바 있다. 말하자면 결국 다기준설은 단어의 의미를 품사 분류의 한 기준으로 남겨 놓기 위한 것이다.

(5) 한어의 품사는 어법적 기능에만 근거하여 분류할 수 있다

1930년대 '문법 혁신 토론'에서 陳望道 선생은 한어 어법 연구는 기능적인 측면에 중점을 두어야 한다고 다음과 같이 명확하게 지적하였다. "오늘날 문법의 흐름은 의미와 형태 변화를 중시하는 것에서 function을 중시하는 것으로 바뀌었다. function이란 말은 …… 구성 요소와 구성 요소 간에 서로 의존하고 서로 대응하는 상호적인 관계를 나타내고 있으며 문법학에서는 '기능'이라고 부를 수 있다. …… 우리는 이런 '기능'에 주의하여 문법을 연구하고 토론해도 무방하다."[3] 또한 나중에 《문법연구文法的研究》라는 중요한 논문에서 기능 이론의 대강을 설명하였으며 한어의 품사 분류는 기능을 중심으로 해야 한다고 명확하게 주장하였다.[4] 유작 《문법간론文法简论》에

1) 陈望道 《文法简论》, p.57, 上海教育出版社, 1978.
2) 朱德熙 《词义和词类》, 《语法研究和探索》(五), p.3, 语文出版社, 1991.
3) 《中国文法革新论丛》, p.116, 中华书局, 1958.
4) 上同, p.273.

서는 '품사 구분의 정확한 근거는 기능이다'라는 관점을 더 전면적으로 논설하고 기능 품사 이론 및 기능 품사 이론을 한어 품사 분류에서 운용하는 법을 완벽하게 설명했다.

1950년대 한어 품사 문제 토론은, 한어 품사 분류는 의미나 형태만을 기준으로 하는 것이라는 관념을 깼고, 한어 품사 분류의 기준을 한어 어법의 특징에서 찾아 확립할 수 있도록 노력하게 했다. 그런데 아쉬운 것은 반드시 단어의 어법 기능이 품사 분류의 기준이 되어야 한다는 점은 논증이 충분하게 이루어지지 않았다는 점이다. 그러다가 나중에 한어 어법 연구가 심화되고 한어 품사에 대한 사람들의 인식도 끊임없이 나아지면서 기능적 관점이 폭넓게 받아들여지고 갈수록 공통된 인식이 형성되었다. 이에 대하여 朱德熙 선생은 다음과 같은 견해를 나타냈다.

50년대와 비교해 볼 때 지금은 한어 품사 문제에 대한 인식이 많이 분명해졌다. 내용을 개괄해보면 다음과 같다. 품사는 단어의 어법 기능(어법 분포)을 반영하므로 당연히 어법 기능을 근거로 분류할 수밖에 없다. 형태가 다양한 언어는 형태에 근거하여 분류할 수 있다. 형태는 기능을 반영하며 기능의 표지이기 때문이다. 직접적으로 형태를 근거로 한 분류는 사실상 간접적으로 기능을 근거로 한 분류이다. 어법 기능을 근거로 분류한 품사(실사)는 일정한 의미를 개괄해 낼 수 있지만, 반대로 의미를 근거로 분류한 품사는 어법 기능을 반영할 수 있다고 보증할 수가 없다.[1]

朱德熙 선생의 이러한 결론은 현재 한어 품사 연구의 주요 경향과 기본 추세를 반영하고 있다고 말할 수 있다.

---

1) 朱德熙 《词义和词类》,《语法研究和探索》(五), p.3, 语文出版社, 1991.

2 기능 품사설 : 이론과 방법

2.1 기능 품사설의 이론적 토대

왜 단어의 어법 기능이 품사를 구분하는 근거와 기준이 되는가? 이는 본질적으로 언어 구조 체계 자체에 기인하는 것이며 또한 어법 연구의 목적과 어법 구조 체계 특성에 대한 사람들의 인식에 기인하고 있다. 이에 관해서는 陈望道 선생이 아래와 같이 상세하게 설명한 바 있다.

> 문법학은 문장의 조직을 연구한 것으로 문장의 조직과 단어의 기능은 서로 연관이 있다. 기능은 단어가 배치에 참가하는 능력이며, 조직은 기능에 따라 단어와 단어가 배치된 것을 말한다. 조직은 기능의 제약을 받고 기능은 단어가 조직에 참가함으로써 드러나게 된다. 단어가 조직에 참가하지 않아 배치 관계에 들어가지 않으면 그 기능은 드러나지 않고, …… 조직에 참가하여 다른 단어와 어떤 관계를 이룰 때 관계가 드러나는 것이다. 나는 전에 이렇게 분명하게 드러나는 관계를 표현 관계라고 칭한 적이 있다. 표현 관계라는 말을 쓴다면 문법학도 표현 관계를 연구하는 학문이라고 말할 수 있다.
> 표현 관계는 극히 많은데 크게 두 가지로 나눌 수 있다. 한 가지는 단어와 단어의 배열이며 연결된 관계이다. 예를 들어 '孟子见梁惠王'이라는 문장에서 '孟子', '见', '梁惠王'은 하나의 배열이며 연결된 관계에 있다. 이 관계는 종적 관계인데 이런 종적인 관계를 우리는 '배치관계配置关系'라고 칭한다. 다른 한 가지는 단어와 단어가 병렬, 협동 관계로 이루어진 것이다. 만약 '孟子见梁惠王'이라 말하지 않고 '孟子见齐宣王'이라 말하면 '齐宣王'과 '梁惠王'의 관계는 일종의 병렬, 협동 관계이다. 이는 횡적 관계인데 이런 횡적인 관계를 '회동관계会同关系'라고 칭한다. 이들 종횡 두 가지 관계는 모든 단어를 포함하며 모든 단어 또한 반드시

종횡 두 가지 관계 속에서 엮어진다. 종적 관계를 연구하는 것은 문장 성분을 구분하는 것이다. 또한 횡적 관계를 연구하는 것은 품사를 구분 하는 것이다. 문법학은 이 두 부류의 모든 관계를 분명하게 밝힐 수 있 어야만 역할을 다 했다고 할 수 있다.[1] (방점은 본서 저자가 표시한 것임)

확실히 어법학은 어구의 구조를 연구한다. 어구의 구조는 일정한 기능을 갖는 단어가 조합, 배열되어 이루어진 것이며 이렇게 언어 구 조 체계 안에 배치 관계와 회동 관계가 형성된다. 여기에서 말하는 배치 관계는 통상적으로 말하는 조합 관계 혹은 구조 관계이다. 이는 순서가 있는 선적 배열이며 일종의 시간적인 연쇄이므로 종적 관계이 다. 회동 관계는 통상적으로 말하는 취합聚合 관계 혹은 유취类聚 관계 이다. 이는 일종의 대체 관계이며 분류성이 있으므로 횡적 관계이다. 이들 종횡 관계는 아래와 같이 십자로 교차하는 모습으로 나타난다.

위 표를 보면 언어 구조는 그물 체계를 이루고 있고 구조 체계는 종횡 두 방향으로 나타나며 종횡의 만남은 규칙의 제약을 받는다는

1) 陈望道 《文法的研究》, 《中国文法革新论丛》, p.275, 中华书局, 1958.

것을 알 수 있다. 이러한 언어 사실과 언어 구조 관계의 특성을 인식함으로써 품사 연구 분야에서 기능학설의 이론적인 토대가 마련되었다.

2.2 기능 품사설의 기본 관점

2.2.1 품사는 단어를 어법적으로 분류한 것이다

연구상의 필요에 따라 언어 안의 단어를 다른 각도에서 다른 방법을 사용하여 여러 방식으로 분류 할 수 있다. 일반적으로 '품사'라는 말은 언어학에서도 어법에만 쓰이는 용어이다. 어법 분석의 요구에 따라, 어법 특징을 근거로 단어를 전면적이고 중점적으로 분류하여 품사를 판단한다. 품사를 구분하는 것은 언어의 구조 규칙을 설명하고 단어의 용법을 명확하게 밝히기 위해서이다.

2.2.2 품사는 단어를 구조 체계 내에서 분류한 것이다

어법 구조는 단어를 조합하고 배열하여 이루어진다. 그리고 단어는 어법 구조 속에서 서로 제약하고 서로 의존하면서 서로 다른 범주가 드러나는데 이런 범주를 귀납하고 구별함으로써 구조 체계에서 단어의 분류가 형성된다. 아래 예를 보자.

(甲)	(乙)	(丙)
一块墨	不买	不墨*
两张纸	刚去	刚纸*
三支笔	再写	再笔*
几盏灯	又用	又灯*

위의 예에서처럼 배열이 되는 조합과 배열이 되지 못하는 조합을 보면 단어와 단어의 제약 관계를 알 수 있다.

(1) '一、两、三、几'이 단어들은 같은 범주에 속한다.
(2) '块、张、支、盏'이 단어들은 같은 범주에 속한다.
(3) '墨、纸、笔、灯'이 단어들은 같은 범주에 속한다.
(4) '买、去、写、用'이 단어들은 같은 범주에 속한다.
(5) '不、刚、再、又'이 단어들은 같은 범주에 속한다.

범주간에 서로 구별이 되고 또 서로 제약하고 있다.

이는 객관적으로 존재하는 일종의 어법적 사실이다. 사람들은 일상적으로 언어를 사용하면서 자각적이든 아니든 항상 단어의 범주를 구별하며 서로 다른 범주에 속하는 단어 간에 존재하는 제약 관계에 따라 문장을 만든다. 어법 연구의 임무 중 하나는 구조 체계에 객관적으로 존재하는 품사 범주를 반영하고 설명하는 것이다.

方光焘 선생은 "범주로써의 품사는 구조 안에서 서로 규정하는, 단어의 분류이다."[1]라고 지적했다. 또한 "품사는 고립적인 분류가 아니라 구조 관계 내에서의 분류이다."[2]라고도 했는데 정확한 지적이다. 구조 관계에 착안하지 않고 단어의 개념 의미나 단어 내부 형태에 의하여 분류된 품사는 모두 고립된 단어를 분류한 것이라 어법 규율을 연구하고 설명하는 데에는 그다지 실제적인 가치가 없다.

"품사는 단어 구조 관계 내에서의 분류이다"라는 말은 품사를 분류하거나 어떤 단어의 귀속을 판별하는 것은 하나하나 구체적인 구

---

1) 方光焘〈汉语词类研究中的几个根本问题〉(提纲),《方光焘语言学论文集》, p.199, 江苏教育出版社, 1986.
2) 方光焘〈论现代汉语语法研究的几个原则性问题〉, p.233, 上同.

조 안에서만 할 수 있다는 것을 의미하는 것은 결코 아니다. 이는 黎錦熙의 '의구변품, 이구무품依句辨品, 离句无品(문장에 의거하여 품사를 판별할 수 있고 문장을 떠나면 품사가 없다)'설과는 원칙적으로 다르다. '依句辨品'설이 근거로 삼는 것은 문장의 논리적 의미에 따라 성분을 나누는 것이다. 게다가 문장 성분과 품사를 기계적으로 대응시킴으로써 단어에는 일정한 품사가 없다는 옳지 않은 결론을 낳기도 했다.

2.2.3 단어의 기능은 구조 관계의 총화이다

앞에서 설명하였듯이 어법 구조는 단어가 조합되어 이루어진다. 그리고 단어가 조합을 거쳐 어법 배열이 형성되면 필연적으로 다른 단어와 모종의 구조상의 연계와 관계가 생긴다. 이런 구조상의 연계와 관계 또한 어법 구조에서 단어의 활동 능력 즉 기능을 보여준다. 따라서 어떤 단어의 어법 기능은 곧 그 구조 관계의 총화, 즉 표현 혹은 점유할 수 있는 어법적 위치의 총화, 또는 단어가 어법상으로 분포하는 상황의 집합이라고 할 수 있다. 품사를 분류하는 것은 구조 관계의 총화 혹은 분포 상황의 집합이 같거나 비슷한 단어를 한데 모아 동류로 묶고, 구조 관계나 분포 상황이 서로 다르거나 상반된 단어는 구별하여 따로 묶는 것이다.

어법 분석의 시각으로 단어를 분류하자면, 구체적으로 어떤 기준을 채택하든 또 어떤 방법을 사용하든 상관없이 분류해낸 품사가 구조 안에서의 기능을 반영하고 설명할 수 있어야만 유용하다. 따라서 품사는 단어의 기능 범주이다. 단어를 어법적으로 분류하고 체계 안에서 구분하는 것은 실질적인 것을 근거로 하게 되며 단어의 기능상의 분류만 가능하다.

2.2.4 기능의 두 가지 측면 : 통사 기능과 결합 기능

기능은 언어 구조 안에서 단어의 활동 능력으로써 구체적으로 두 가지 부분으로 나타난다.

(甲) 통사 기능 : 구문을 이루는 기능이다. 어떤 통사적 성분(문장 성분 혹은 구조 성분)은 될 수 있고, 어떤 통사적 성분은 될 수 없음을 의미한다.

(乙) 결합 기능 : 단어의 배타적인 결합 능력이다. 어떤 단어와는 결합할 수 있고, 어떤 단어와는 결합할 수 없음을 의미한다.

이 두 가지 기능은 서로 대립하지 않고 호응한다. 陈望道 선생은 아래와 같이 지적한 바 있다. "기능은 하나지만 두 가지 방면에서 말할 수 있다. 하나는 부분에서 전체를 보는 것이다. 즉 협동, 연접의 측면에서 보면 기능은 문장 조직 안에서 단어 간의 상호 관계를 말하며 이른바 '결합 기능'이다. 다른 하나는 전체에서 부분을 보는 것이다. 즉 분업, 관통의 측면에서 보면 기능은 문장 조직 안에서 단어가 갖는 개별적인 임무를 말하며 이른바 '구문을 만드는 기능'이다. 한 부분만을 보고 그 쪽에 치우친다면 편파성을 피하기 어려울 것이다."[1]

黎锦熙 선생의 '구문 본위 문법句本位文法'은 품사와 문장 성분의 대응 관계를 너무 강조한 나머지 '단어에 일정한 품사가 없다'고까지 하는 문제가 생겼으며, 한어에서 품사와 문장 성분은 서로 별 관계가 없으며 '통사 기능'은 품사 분류에 영향을 주지 못한다는 극단적인 견해까지 나타나게 되었다. 사실상 한어에서 품사와 문장 성분은 완전히 대응되는 관계는 아니지만 어느 정도의 대응 관계는 있다. 즉 모

---

1) 陈望道《文法简论》, p.42, 上海教育出版社, 1978.

종의 상호 제약 규칙이다. 품사 분류를 할 때는 반드시 통사 기능에 주의하고 또한 도움을 받아야 하며 결합 기능과 서로 호응할 수 있도록 해야 한다. 실제로도 그렇다. 한어에서 용언(동사, 형용사)은 독립적으로 술어가 될 수 있는지 부사와 결합할 수 있는지 등 이런 특성에 따라 갈래 지은 것이다. 이처럼 두 가지 기능이 서로 호응함으로써 품사 분류 기준과 품사 기능 특징에 대한 설명을 비교적 개괄적이고 중점적으로 할 수 있게 된다.

2.2.5 품사 구분 : 분류 기준이 되는 기능 항목을 선택해야 한다

품사를 구분하는 것은 어법 기능에 근거해야 하지만 분류의 구체적인 기준을 정하는 데 모든 단어의 모든 기능 항목을 다 동원할 필요는 없고 또 그렇게 할 수도 없다. 관련된 기능만 적당하게 선택하면 된다.

(1) 단항 기능과 종합 기능

한 단어가 여러 가지 기능을 가지고 있는 경우가 종종 있다. 그중 하나하나 개별적인 기능을 단항 기능이라고 한다. 예를 들어 '两个字'와 같은 조합에서 '字'란 단어가 가지고 있는 수량사의 수식을 받는 기능을 단항 기능이라 할 수 있다. 또 '他写字'와 같은 조합에서 '字'란 단어가 가지고 있는 목적어가 될 수 있는 기능을 단항 기능이라 할 수 있다. 이와 같이 단항 기능은 단어가 가진 기능 중 하나를 가리키며, 어법 조합에서 개별적이고 구체적으로 드러난다. 품사 분류는 이런 단항 기능을 기준으로 하지 않는다. 이는 다음 두 가지 이유 때문이다. (ⅰ) 단항 기능을 분류 기준으로 삼는다면 언어의 모든 단어의 각각의 단항 기능을 낱낱이 늘어놓아야 하는데 이것은 사실 무척 어려운 일이다. 게다가 각각의 단항 기능을 모두 모아 분류한다면 분류된 품사 수가 무척 많을 것이고 품사 체계도 번잡해져 실용적이지 않을 것이다. (ii) 단항 기능을 품사 분류의 기준으로 삼는다면, 몇 가지 기능을 가지고 있는 한 단어가 여러 가지 품사에 속하는 현상이 생기게 될 것이다. 黎錦熙 선생의 '依句辨品'설이 '단어에 정해진 품사가 없다'고 하는 실수를 초래한 것은 이 설이 구문을 만드는 기능, 이 한 가지 항목에 상당히 치중하여 품사 분류의 기준으로 삼았기 때문이라고 말할 수 있다.

　품사를 구분하는 기준은 단어의 종합 기능에 유의해야 한다. 종합 기능은 앞에서 말하였듯이 한 단어가 구조 안에서 가지게 되는 여러 연계와 관계의 총화, 즉 한 단어가 가진 각각의 단항 기능을 종합적으로 개괄한 것이다. 품사는 단어의 종합 기능에 따른 분류이며, 종합 기능이 같거나 비슷한 단어들이 모여서 이루어진 부류이다. 그런데 실제 품사 분류를 할 때는 일반적으로 주로 그 중 연관성 있는 몇 개 기능을 골라 종합한다. 혹은 모 단항 기능 하나만을 구체적인 기준으로 삼기도 한다. 물론 이것은 앞에서 말한 단항 기능만 분류의 기준으로 삼는 것과 함께 논할 수는 없다. 왜냐하면 이것은 단어의 기능에 대하여 전면적이고 종합적으로 고찰을 한 바탕에서 개괄해낸 기준이며 종합 기능을 나타내고 대표하는 것이기 때문이다. 또한 품사 구분 기준의 과학화를 위한 필요성 때문이기도 하다.

(2) 일상 기능과 임시 기능

　단어의 일상 기능은 단어의 일반적인 용법이며 어법에 맞는 언어 배열을 만드는데 필연적으로 구비되는 기능이다. 단어의 임시 기능은 일반적인 용법에서 벗어난 용법이며 수사적인 필요에 의하여 우연히 부여되는 기능이다. 언어 표현을 하는 과정에서 한 단어에 일상 기능 외에 임시 기능이 생기기도 한다. 아래의 실례를 들어 설명하겠다.

> 可是"友邦人士"一惊诧, 我们的国府就怕了, "长此以往, 国将不国"
> 了, 好像失了东三省, 党国倒愈像一个国, 失了东三省谁也不响, 党
> 国倒愈像一个国, 失了东三省只有几个学生上几篇"呈文", 党国倒愈
> 像一个国, 可以博得"友邦人士"的夸奖, 永远国下去一样。(鲁迅《友
> 邦惊诧"论》)

이 글에서 '国'은 어법상 다항 기능을 보이고 있다. '国'은 '国府', '党国', '一个国' 이들 조합에서는 일상 기능을 보이고 있고, '不国', '永远国下去' 이들 조합에서는 임시 기능을 보이고 있다. '国'이라는 단어의 기능을 종합하고 이에 따라 품사를 정하는데 이 때 근거가 되는 것은 여러 가지 일상 기능이지 임시 기능이 아니다.

단어의 종합 기능을 확정하고 이에 따라 품사를 분류할 때는 단어의 일상 기능을 기준으로 삼아야 한다. 품사는 단어의 일상 기능에 따른 분류이며 일상 기능이 같거나 비슷한 단어가 모여 이루어진다. 품사를 분류할 때는 반드시 일상 기능과 임시 기능을 구별해야 하며 임시 기능은 분류 기준에 절대 들어갈 수 없다. 이에 대해 陈望道 선생은 다음과 같이 지적하였다. "일상과 임시, 이 두 가지 기능의 용법을 혼동해서는 안 된다. 혼동하여 구분하지 않으면 필연적으로 어떤 단어의 일반적인 부류 외에 임시적인 부류까지 있어, 단어가 분류가 되지 않은 것 같고 두서 없이 번잡하게 여겨진다." 또한, "단어의 임시 용법은 어떤 구체적인 배치를 떠나서는 임시적인 품사를 구별할 수 없는데, 만약 일상 기능과 임시 기능을 구분하지 않으면 이로써 모든 것을 개괄하여 판단하게 된다. 또한 모든 단어의 일상 용법도 어떤 구체적인 배치를 떠나서는 일상적인 품사를 판별할 수 없다고 여기게 된다. 소위 '단어는 문장에 근거하여 품사를 구별하고 문장을 떠나면 품사가 없다.'라는 말은 품사의 일반적인 성질을 부정하는 일종의 임시주의적 설명이다."[1]

물론 일상 기능과 임시 기능, 이 둘은 상대적인 특징을 가지고 있으며 서로 바뀔 수도 있다. 또한 어떤 의미에서는 '일상'과 '임시'는 단어의 유관 기능 항목의 사용 빈도에 대한 모호한 정도를 의미하는 것이라고 말할 수 있다. 그렇다면 자연히 중간 상태도 존재하게 된다. 즉 단어의 어떤 기능에 대해 일상성과 임시성의 절대적 판단을 하기 어렵게 된다. 예를 들어 '这个人太混蛋了'에서 '混蛋'의 형용사 기능의 일상성과 임시성 구분이 그런 경우다. 이런 경우에 품사를 구분하는 것은 복잡하고 어렵다. 하지만 이는 상당히 국부적인 현상일 뿐, 품사 분류의 기준 확정은 일상 기능을 근거로 삼아야 한다는 원칙을 근본적으로 흔들 수는 없다.

(3) 일반 기능과 특징 기능

품사 분류 기준은 반드시 같은 종류의 단어들의 어법 특징을 확실히 반영해야 하며 다른 종류 사이의 변별 자질 또한 확실히 반영해야 한다. 이처럼 다른 종류의 단어 간의 서로 구별되는 어법 특징을 반영할 수 있는 기능을 특징 기능 혹은 주요 기능이라고 한다. 이와 상대적인 것은 일반 기능 혹은 부차적 기능이라고 한다. 이것은 다른 품사들도 가질 수 있는 기능으로써 다른 품사 간에 공통적으로 존재하는 요소이다. 예를 들어 갑, 을, 병, 정 네 가지 단어 그룹이 있는데 이들 모두 a, b, c, d, e 기능항 중 a, b, c 세 가지 항목을 가지고 있다면 a, b, c 는 이들의 일반 기능이다. 그런데 갑, 을 두 그룹은 d, e 두 가지 기능이 더 있고 병, 정은 이 두 기능이 없다면 d, e는

---

1) 陈望道 《文法简论》, p.42, 上海教育出版社, 1978.

갑, 을의 특징 기능이다. 이것이 분류 기준이 되고 갑, 을은 한 종류로 귀속되며 정, 병과는 구별이 된다. 물론 다른 상황도 있을 수 있다. 예를 들어 갑, 을, 병 세 그룹 모두 a, b, c, d, e 기능이 있는데 정은 그 중 d, e 두 기능만 있고 a, b, c 세 기능은 없다면 d, e는 갑, 을, 병에게는 일반 기능이 되고 정에게는 특징 기능이 된다. 이를 근거로 정 그룹의 단어는 한 종류가 되며 갑, 을, 병과는 서로 구별이 된다. 한마디로 품사의 분류 기준은 단어의 특징 기능에 따라 정리된다. 일반적으로 기능틀[1] 혹은 검증 글자로 단어의 품사를 판단하는데 사실, 이들 또한 어떤 특징 기능을 기준으로 하여 단어의 품사를 구분하는 것이다.

앞에서 말하였듯이 일반 기능과 특징 기능은 상대적인 개념인데, 사실상 여기에 나타나는 것은 품사 기능의 공통성과 개별성 간의 관련성이다. 같은 종류의 단어들은 기능상 공통성이 있고 이런 공통성은 다른 종류의 단어에 대해서는 개별성이 된다. 또한 같은 종류의 단어도 기능상 개별성이 있을 수 있으므로 어떤 하나의 품사가 다시 하위 부류로 나누어지기도 한다. 예를 들어 동사에서 타동사와 자동사의 구분은 타동사가 목적어를 가질 수 있다는 특징 기능(개별성)에 있다. 품사가 서로 다른 단어들 사이에는 기능상 서로 구분되는 개별성 외에 공통성도 있을 수 있으므로 이들은 다시 큰 부류에 귀속될 수 있다. 예를 들어 동사와 형용사를 용언이라는 큰 부류에 같이 넣을 수 있는 것은 둘 다 술어 역할을 할 수 있다는 공통된 기능이 있기 때문이다. 품사 기능의 공통성과 개별성 사이의 연관 및 구별을 이해하고 밝히는 것은 품사 분류 기준을 합리적으로 세워 운용하고

---

1) 기능틀(功能框架), 어법상 같은 품사의 단어가 어떤 한 공간에 들어갈 수 있는 구조 형식. 예를 들어 '很一'과 '比N(명사)一'는 한어 형용사의 두 가지 기능틀이다. 기능틀은 한 단어 혹은 품사가 같은 단어의 어법 특징을 검사하는데 쓰인다.

품사 체계 내의 충차 관계를 확립하는데 매우 중요하다. 朱德熙 선생이 말하였듯이 "품사 문제 논의에서는 반드시 품사의 공통성과 개별성을 분명하게 구분하여야 한다. 그렇지 않으면 논리적으로 혼란을 일으키게 된다."[1]

2.2.6 기능은 의미, 형태와 상관이 있다

의미, 형태, 기능은 어법 구조의 세 가지 측면이며 언어 속의 단어를 어법학적으로 고찰하고 연구하는 세 가지 차원이다. 삼자 간은 밀접하게 관련되어 있다. 단어가 구조 안에서 나타내는 개념이나 내용은 의미, 단어가 구조 안에서 운용하는 표현 방식이나 수단은 형태, 단어가 구조 안에서 나타내는 관계와 작용은 기능이라고 한다. 품사의 성립으로 말하자면, 의미는 심층적 토대이고 형태는 외부적 표현이며 기능은 내재적 속성이다.

의미는 기본 바탕이므로 기능에 따라 분류된 품사는 의미상으로도 어느 정도 공통성을 개괄해 낼 수 있고, 자연히 공통된 개괄적 의미를 지닌 단어는 기능 유형도 서로 같을 것이라고 말할 수 있다. 언어 구조는 그 자체가 일정한 의미를 나타내기 위해 존재하는 것이므로 품사 구분의 바탕에도 당연히 의미가 심층적으로 존재한다. 그러나 이 때문에 의미를 가지고 품사 분류의 기준으로 삼을 수는 없다. 단어의 의미에 근거하여 품사 구별을 한다고 어법 기능 특징을 반영하는 품사를 얻는다는 보장이 없기 때문이다. 비슷한 예를 하나 들자면, 인류 사회에서 어떤 직업은 성별 차이를 기본으로 일이 나뉘어져 간호사 같은 직업은 여자에게 적합하고 제련공 같은 직업은 남자에게 어울린다. 그렇지만 직업 자체의 경계를 가르는 기준은 결코 남녀

---

1) 朱德熙 《语法答问》, p.15, 商务印书馆出版社, 1985.

성별에 따른 것이 아니라 사회적 기능에 따른 것이다. 그러므로 존재의 기본 토대와 기능 분류의 기준을 한데 섞어 논할 수 없다.

언어에서 단어는 음의 결합체일 뿐 아니라 어법 기능체이기도 하다. 단어는 어법 구조 안에서 자신의 기능을 발휘하고 여러 가지 기능을 가지고 있다. 그런데 구조 안에서 각 기능항이 작용할 때 단어 형태에 일정한 표지가 나타나고 분명히 설명할 수 있다면 이 표지는 이 단어의 형태 변화이고 이런 형태가 바로 기능을 나타내는 표시이다. 이런 형태는 기능을 직접적으로 나타내는 것이므로 이런 형태에 따라 품사를 분류한다면 기능 분류와 서로 일치할 것이며 게다가 분류 작업도 훨씬 간단 명료할 것이다. 그래서 형태가 다양한 일부 언어는 전통적으로 단어의 형태 변화를 품사 분류의 기준으로 삼는다. 이런 연유로 일부 언어학자들은 품사가 바로 단어의 형태 분류라고 여기고 더 나아가 형태 변화가 부족한 언어는 어법상으로 품사 구분이 없다고 여기기까지 한다. 물론 이런 견해는 너무 한쪽으로만 치우쳐 있다.

사실상 본질적으로 기능은 단어의 내재적 어법 속성이고 형태는 단어의 외재적 어법 형식이며 기능을 나타내는데 쓰인다. 따라서 형태를 근거로 분류된 품사가 실제로 반영하고 설명하는 것은 역시 단어의 어법 기능 특징이며 결국 단어의 기능상의 분류를 말하는 것이다. 그러나 모든 언어가 다 이러한 형태 변화로 기능을 표시하지는 않으며, 형태가 다양한 언어라 할지라도 모든 단어, 모든 품사마다 형태 변화로 기능을 나타내지는 않는다. 그러므로 언어에서 단어의 형태 변화는 없어도 되지만 기능은 없을 수도 없고 없어서도 안 된다. 어법 분석이나 품사 분류를 하려면 무엇보다 기능을 파악해야 연구 대상의 실제를 파악할 수 있고, 단어를 운용하여 문장을 만드는 규율을 효과적으로 탐구하고 설명할 수 있다.

2.3 품사 분류의 기본 방법

2.3.1 분류 방법의 원칙

품사는 단어의 종합 기능, 일상 기능, 특징 기능에 의거하여 구별 기준을 확정하고 이에 따라 분류한 것이다. 품사 분류의 기본 방법에 관하여 陈望道 선생은 《문법간론文法简论》에서 다음과 같이 설명하였다.

> 품사는 기능을 준거로 모든 단어를 종류별로 구분한 것이다. 품사 구분은 구조 안에서 활동 범위가 같은 것을 찾는 것이다. 품사 분류의 기본 방법은 다음과 같다.

> 첫째, 단어 분류는 단어의 배치 기능을 중추로 하며 배치에서 회동[1]을 찾고 회동으로 품사를 정한다.
> 둘째, 단어의 배치 기능 연구에서는 성분 관계에 주의해야 하며 관계를 맺는 성분에도 주의해야 한다.
> 셋째, 단어의 배치 기능 연구에서는 단어의 연접이나 관통에 주의해야 한다.
> 넷째, 단어를 분류할 때는 단어의 여러 가지 단항 배치 기능을 충분히 종합해야 하며 여러 가지 연접, 관통으로부터 여러 가지 단항 기능의 회동 영역을 찾아내어야 한다.
> 다섯째, 단어의 배치 기능이 전부 혹은 대부분 같으면 동류이며, 조금 다르지만 일부가 같으면 동류의 특징으로 보고 동류라 할 수 있다.
> 여섯째, 단어의 배치 기능이 전부 혹은 대부분 다르면 동류가 아니며, 조금 같지만 일부가 다르고 서로 구별이 되면 다른 종류라 할 수 있다.[2]

이와 같이 분류 방법의 원칙을 밝혀 설명하는 것은 기능상의 기준을 정확하게 운용하여 한어 품사를 합리적으로 분류하는데 중요한 의의가 있다. 陈望道 선생이 논한 '배치'와 '회동'은 앞에서 이미 설

---

1) 회동 관계 p.73 참조. (역주)
2) 陈望道 《文法简论》, p.44, 上海教育出版社, 1978.

명하였듯이 오늘날 일반적으로 말하는 조합과 취합이다. 이처럼 품사 구분은 조합에서 취합을 찾고 취합으로 품사를 정한다. 陳望道 선생이 논한 '연접'과 '관통'은 다음과 같이 이해할 수 있다. 연접은 어법의 형식에 관한 것으로 단어와 단어의 조합 순서와 배열에 착안하여 결합 기능에 중점을 둔 것이다. 관통은 어법의 의미에 관한 것으로 단어가 조합 안에서 담당하는 성분에 착안하여 통사 기능에 중점을 둔 것이다. 품사 분류는 단어의 기능을 완전하게 찾아낼 수 있도록 반드시 이 두 가지 측면을 결합하여 파악해야 한다. 陳望道 선생이 논한 '동류의 특징이 될 수 있고'와 '서로 구별되는' 기능은 앞에서 말한 특징 기능을 뜻한다. 이것은 품사 분류를 할 때 반드시 파악해야 하는 표준 척도이다.

2.3.2 통사적 기능의 합리적 운용

배치(조합)에서 회동(취합)을 찾고 회동으로 품사를 정하는 작업 과정에서 반드시 통사 기능을 운용해야 한다. 이 점에 대하여 陳望道 선생은 아래와 같이 명확히 지적하였다.

> 배치 관계로 문장 성분 구분과 성분 배치를 결정하고, 회동 관계로 품사를 구별한다. 이렇게 하면 문장 성분과 품사의 배합도 십자로 교차되는 종횡 양 축으로 호응하게 된다. ……
>
> 품사는 형태론 연구의 대상이고 품사 분류는 단어의 연접 양식을 연구하는 것이지만, 형태론과 통사론은 유기적으로 연결되어 있어 연접과 관통은 서로 의존하는 관계라서 품사 연구를 할 때는 반드시 단어의 관통 원리를 연구해야 한다. 품사 분류와 문장 분석은 서로 관련이 있으므로 둘이 잘 조화되도록 해야 한다. 품사 분류는 단지 구와 관련이 있을 뿐 문장 분석과는 별 관련이 없다는 견해는 타당하지 않다. 품사 분류와 문장 분석이 잘 조화되도록 하려면 단어를 분류할 때 문장 속에서 단어의 역할을 보아야 하고, 문장에서의 역할을 분석하려면 문장에서의 역할이 몇 가지나 있는지를 연구해야 한다. 품사 구분은 반드시 이런 역할

구분과 서로 호응하여야 한다. 역할이 정해지면 분류에 정확한 기준이
생기게 되고 비교적 쉽게 진행이 된다.[1]

陈望道 선생이 세운 한어 품사 분류 체계를 보면 대류(품사 분류
체계에 따라 부문 - 대류 - 류 - 소류로 나눔)는 문장 구성 기능을 우
선 기준으로 했음을 알 수 있다. 이러한 분류 방법은 통사 기능을 근
간으로 하는 경향을 띠고 있다고 말할 수 있다.

2.3.3 품사 체계의 단계 구분

품사 체계에는 층차성이 있다. 그러므로 품사 분류 작업은 단계별
로 진행해야 한다. 단계는 아래와 같이 두 방향으로 진행될 수 있다.

위에서 아래로 단계별로 분석하는 방법이 있다. 즉 큰 부류에서
점차적으로 작은 부류로 나눈다. 예를 들어 먼저 실사와 허사 두 부
류로 나눈 다음 실사와 허사를 각각 다시 단계별로 나눈다. 실사는
크게 체언과 용언으로 나뉜다. 체언은 다시 명사, 대명사 등으로 나
뉠 수 있으며 용언은 다시 동사, 형용사 등으로 나뉠 수 있다. 이러
한 부류 아래에 다시 각각 차류 혹은 소류로 나눌 수 있다.

아래에서 위로 단계별로 귀납하는 방법도 있다. 즉 작은 부류에서
점차적으로 큰 부류로 개괄해나간다. 이는 차류 혹은 소류를 유로,
다시 유를 대류로, 대류를 부류로 귀납하는 것인데 앞에서 말한 층차
분석과 정반대 순서로 계층이 점점 높아진다.

어떤 방향의 분류 방법을 사용하든 모두 실질적으로 품사 기능의
공통성과 개별성에 대한 인식의 상호 전환을 포함하고 있으며, 귀납
적 개괄과 연역적 해석 두 가지 방법을 상대적으로 운용하고 있음을
알 수 있다.

---

1) 陈望道 《文法简论》, p.46~47, 上海教育出版社, 1978.

3 한어의 품사 체계

3.1 한어 품사의 층차

3.1.1 기본 품사

현대 한어의 단어는 기능에 따라 다음과 같이 20개 기본 항목으로 나눌 수 있다.

(1) 명사   (2) 대명사   (3) 시간사   (4) 처소사   (5) 동사

(6) 형용사   (7) 단사   (8) 형사[1]   (9) 수사   (10) 지시사

(11) 구별사 (12) 부사   (13) 방위사   (14) 개사   (15) 연사[2]

(16) 조사   (17) 양사   (18) 어기사   (19) 감탄사 (20) 의성사

---

1) 陈望道 선생은 《文法简论》에서 한어의 '应该、能够、肯、敢'류의 단어를 형사로 분류하였으며 형사는 문장에서 술어 역할을 하나 "동사, 형용사와 달리 사리의 추세를 나타내며 평의(評議)의 성격을 띤다"고 하였다. 현재 중국 어법학계에서는 조동사 혹은 능원동사라는 명칭이 주로 사용되고 있다. 어떤 학자는 능원동사를 조동사의 일부로 보고 어떤 학자는 능원동사와 추향동사를 보조동사로 통칭하기도 하는 등 명칭은 다르지만 이런 부류의 동사에 대한 정의는 기본적으로 대동소이하다. 그러나 실제로 이런 동사(능원동사, 조동사 혹은 형사)의 범위는 적게는 십여 개부터 많게는 칠십여 개까지 서로 다른 관점에 따라 다르게 분류되고 있다. 이 부류의 동사는 능원동사라는 명칭에서 알 수 있듯이 가능과 원망(願望)을 나타내는 단어가 기본을 이루고 있으나 이 외에도 필요, 평가, 허가 등의 의미를 나타내는 단어가 차지하는 비중이 더 크다. 한국의 한어 어법서에서는 조동사, 능원동사라는 명칭을 쓰고 있지만 본서에서는 '사리를 가려 분간한다(衡量、衡定事理)는 의미를 살려 '형사'라는 명칭을 그대로 썼다. (역주).
2) 접속사(接续词)라고도 한다. (역주)

기본 항목부터 시작하여 위로는 대류, 부류까지 귀납 개괄할 수 있고 아래로는 차류, 소류로 나눌 수 있다. 물론 차류나 소류는 필요에 따라 다시 더 작은 부류인 세류로 나눌 수 있다. 이렇게 보면 한어의 품사 단계는 '부류部类 > 대류大类 > 류类 > 소류小类 > 세류细类'로 나눌 수 있다.

3.1.2 체언(体词)과 용언(用词)

어법을 개괄적이고 간명하게 설명하기 위하여 상술한 항목을 몇 가지로 귀납할 수 있다. (1)에서 (4)까지, 즉 명사, 대명사, 시간사, 처소사 등은 '체언'이라는 큰 갈래로 귀납할 수 있다. 체언의 주요 기능은 '단독으로 술어가 될 수 없으며 일반적으로 부사의 수식을 받지 못한다'는 것이다. (5)에서 (8)까지, 즉 동사, 형용사, 단사, 형사 등은 '용언'이라는 큰 갈래로 귀납할 수 있다. 용언의 주요 기능은 '단독으로 술어가 될 수 있으며 부사의 수식을 받는다'는 것이다. 체언과 용언은 서로 양립하는 대류이다.

3.1.3 점별사(点别词)와 부사(副词)

상술한 품사 항목 중 (9), (10), (11) 세 부류, 즉 수사, 지시사, 구별사는 '점별사'라는 대류로 귀납할 수 있다. 명사를 수식하고 문장 안에서 관형어 역할을 한다. 점별사의 상대적인 것은 부사이다. 용언을 수식하며 문장 안에서 부사어 혹은 보어 역할을 한다.

3.1.4 실사(实词)와 허사(虚词)

체언, 용언, 점별사, 부사는 더 큰 부류인 실사로 귀납할 수 있다. 실사는 일정한 문장 성분이 될 수 있는 단어이다. 이와 상대적인 부류는 허사이다. 허사는 문장 성분이 될 능력이 없으며 반드시 일정한 실사에 의존해야만 구조 안에 들어갈 수 있는 단어이다. 앞에서 말한 품사 항목 중 (13)에서 (18)까지, 즉 방위사, 개사, 접속사, 조사, 양사, 어기사 등은 허사로 귀납할 수 있다. 어떤 단어는 허실의 경계에서 두 가지 다 가능한 상황도 있을 수 있지만 문장 성분이 될 수 있는지 여부를 분류 기준으로 삼으면 절대 다수는 허실의 경계가 분명하게 된다. 실사와 허사를 구분하는 것은 어법 설명에 필수적이며 유용하다.

3.1.5 개방 품사와 폐쇄류

어떤 품사는 구성 어휘가 정해져 있어 수적으로 유한하므로 하나하나 열거할 수 있다. 이런 품사류는 폐쇄류이다. 어떤 품사는 수적으로 제한이 없어 모두 열거할 수 없다. 이런 품사류는 개방류이다. 비교하자면 폐쇄류는 단어 활용 빈도가 높고 개방류는 단어 활용 빈도가 약간 낮다. 일반적으로 대명사, 방위사, 단사, 형사, 개사, 접속사, 조사, 어기사, 감탄사 등은 폐쇄류이고 명사, 동사, 형용사 등은 개방류이다. 개방류는 생산성이 있고 폐쇄류는 생산성이 없다. 개방류와 폐쇄류로 분류하는 것은 실용적인 의미는 있지만 단어의 기능에 근거한 분류는 아니다. 이러한 분류가 실사와 허사로 분류하는 것보다 더 유용하고 심지어 더 중요하다고까지 여기는 견해는 타당하지 못하다.

3.2 한어 품사분류표

실사 (实词)	체언 (体词)	1. 명사(名词) : 纸 笔 姑娘 战士 春光 2. 대명사(代词) : 我 你 自己 谁 什么 3. 시간사(时间词) : 早晨 现在 明天 星期三 4. 처소사(处所词) : 门口 这里 上海 永安街
	용언 (用词)	5. 동사(动词) : 吃 走 送 讨论 相信 6. 형용사(形容词) : 新 瘦 正确 干净 勇敢 7. 단사(断词) : 是 像 属于 8. 형사(衡词) : 肯 会 应该 能够 可以
	점별사 (点别词)	9. 수사(数词) : 一 十 百 千 万 10. 지시사(指词) : 这 那 诸 每 各 11. 구별사(简别词) : 男 女 微型 公共 超高频
	부사 (副词)	12. 부사(副词) : 不 很 都 忽然 已经
허사 (虚词)		13. 방위사(方位词) : 上 下 里 外 之中 里边 14. 개사(介词) : 从 向 关于 对于 按照 15. 연사(连词) : 和 而 以及 但是 即使 16. 조사(助词) : 的 连 所 似的 17. 양사(量词) : 个 张 支 辆 人次 18. 어기사(语气词) : 吗 呢 吧 难道 罢了
		19. 감탄사(感词) : 喂 嗯 哦 哎哟 20. 의성사(象声词) : 扑通 轰隆隆 丁丁东 丁零当郎

4 체언(体词)과 점별사(点別词)

체언은 명사, 대명사, 시간사, 처소사를 포함하며 독립적으로 술어 역할을 맡을 수 없고 부사의 수식을 받지 않는다. 점별사는 수사, 지시사, 구별사를 포함하며 명사를 수식하는 관형어 역할을 맡는다.

4.1 명사(名词)

4.1.1 명사의 기능

명사는 아래와 같은 기능이 있다.

(甲) 주어, 목적어, 관형어로 쓰인다.

> 예 <u>思想</u>解放了(주어) / 读<u>书</u>(목적어) / <u>知识</u>的海洋(관형어)

(乙) 수나 양을 나타낼 때는 수사와 양사를 결합해야 한다.

> 예 三张纸, 五支笔, 十块木头 등. '三纸', '五笔', '十木头'로는 쓸 수 없다.

(丙) 직접 술어 역할을 하지 않는다.[1]

---

1) 일부 명사(주로 날씨를 나타내는 명사)는 긍정문에서 술어로 쓰인다. 예) 今天晴天。그러나 부정문에서는 반드시 단사를 써야 술어가 된다. 예) 今天不是晴天。

(丁) 부사와 조합하여 독립적인 구를 이루지 않는다. 예를 들어 '不桌子', '已经学生'이라고 하지 않는다.[1]

이와 같은 기능을 가진 단어는 의미상으로 공통점이 있다. 모두 사물을 지칭하는 의미를 나타낸다.

4.1.2 명사 분류

명사는 인칭 명사와 사물 명사로 나눌 수 있다. 인칭 명사는 '孩子', '青年', '姑娘', '战士', '部长', '老师', '朋友'처럼 사람을 나타내는 명사이다. 사물 명사는 '衣服', '食品', '工厂', '农村', '车子', '天空', '物质', '道德'처럼 사물을 나타내는 명사이다. 인칭 명사와 사물 명사는 각각 더 작은 부류로 나눌 수 있다.

4.1.3 인칭명사(指人名词)

(1) 인칭명사의 특징

인칭 명사는 사물 명사와 구분되는 몇 가지 특징이 있다.

1) 주어, 목적어로 쓰일 때 술어 동사에 대하여 동작의 주체가 될 수 있다. 관형어로 쓰일 때는 소유의 의미를 나타낼 수 있다.
2) 결합하는 양사가 다르다. 주로 쓰이는 양사 '个'외에도 '位', '员' 등이 쓰인다.

---

[1] 문장에서 부사가 직접 명사를 수식하는 경우가 있다. '부사+명사' 조합이 술어 위치에 올 때 혹은 이런 조합이 명사성을 잃었을 때 가능하다. 예) 现在已经夏天了。身上净泥。

예 三位朋友　两员大将

3) '同志们', '孩子们', '姑娘们' 등과 같이 무리를 나타내는 접미
   사 '们'을 붙일 수 있다. 이런 특징은 일반 명사에는 없다.
4) 인칭 명사와 결합하는 접사와 준접사가 다양하다. 거의 모든
   명사접미사(준접미사 포함)의 삼분의 일 이상이 가능하다.

(2) 고유명사(专人名词)

고유 명사는 인칭 명사의 특수한 유형으로써 특정한 인물 하나만
가리킨다. 일반적으로 수량을 셀 수 없으며 양사와 결합하지 않는다.
또한 관형어의 수식을 받는 경우도 드물다. 고유 명사를 종류별로 보
면 아래와 같다.

1) 단순 명사 : 鲁迅　(曹)孟德　(王)阿强
2) 성명 : 赵子龙　诸葛亮　李瑛　欧阳文炳
3) 성이나 이름에 호칭을 더한 경우 : 王大嫂　阿三哥　方强华教授
   巧姐　何司令　张经理

4.1.4 물칭명사(称物名词)

물칭 명사는 양사와 결합하는 상황에 따라 소류로 나눌 수 있다.
양사 자체에 분류성이 있기 때문이다.

(1) 개체명사(个体名词)

수나 양을 나타낼 때는 '只', '张', '根'등 개체 양사를 사용한다. 명

사마다 습관적으로 자주 사용하는 개체 양사가 있다. 예를 들어 '笔'는 '支'를 쓰고, '纸'는 '张'을 쓴다. 물론 다른 양사를 쓰기도 한다. 아래 예는 개체 명사이다.

> **예** 纸　笔　手表　学校　公社　口袋　鸟儿　桌子
> 衣服　棍子　大门　蜜蜂　子弹　自行车

(2) 집합명사(集体名词)

집합 명사의 수나 양을 나타낼 때는 개체 양사를 쓰는 것이 적당하지 않다. 일반적으로 '双', '对', '副', '些' 등 집합양사를 쓰거나 다른 종류의 양사를 쓴다.

> **예** 花朵　纸张　笔墨　山岳　河流　树木
> 对联　球类　鸟类　果品　汗水

(3) 물질명사(物质名词)

물질 명사의 수나 양을 나타낼 때는 도량형 양사를 쓴다. 다른 양사도 일부 쓸 수 있다.

> **예** 油　布　米　面粉　钢铁　酒　水　电　煤
> 糖　盐　肉　路　田　水泥　硫酸　肥田粉

(4) 추상명사(抽象名词)

수나 양을 측정할 수 없고 '种', '类', '派', '番' 등의 종류 양사만 쓸 수 있다.

> **예** 道德　风度　气象　春光　交情　思潮　心潮　心扉
> 文化　头脑　态度　静态　目光　尺寸　泪花　频率
> 热度　正确性　阶级性

여기에서 주의해야 할 점은 추상 명사라고 해서 모두 의미상 추상적인 사물을 나타내는 명사는 아니며, 명사와 양사의 배합을 기준으로 명사를 분류한 소류라는 것이다.

'一个', '这个', '那个'는 수나 양을 측정하는 의미가 아니라 명사를 가리키는 의미로 쓰이며 각종 명사와 결합할 수 있다. 따라서 '一个', '这个'등을 붙일 수 있는지 여부만을 보고 명사의 소류를 구분해서는 안 된다.

4.2 대명사(代词)

4.2.1 대명사의 기능

대명사에는 '我', '你', '他', '它', '谁', '什么', '自己', '别人', '咱们', '我们', '你们', '人家', '大家'등이 있다. 기능상의 특징은 아래와 같다.

(甲) 명사와 마찬가지로 주어, 목적어, 관형어로 쓰일 수 있다.
(乙) 수량을 나타내는 전용 양사와 결합하지 않는다. 특정 형식에서 강조하는 의미로 '个'를 쓰는 경우가 있다.
(丙) 일반적으로 관형어와 함께하지 않으나 서면어에는 '幸福的他', '可怜的我'와 같은 용례가 있다.

4.2.2 대명사의 종류

대명사는 인칭 대명사와 사물 대명사로 나뉘어진다. '我', '你', '他'등은 인칭 대명사이고, '它', '什么'등은 사물 대명사이다.

대명사는 한정 대명사와 부정 대명사로 나눌 수 있다. 한정 대명사는 '我', '你', '他', '人家'와 같이 화자가 가리키는 것이 확실하다.

부정 대명사는 아직 정해지지 않은 것이다. 예를 들어 '谁', '什么'는 의문에 쓰이는데 두루 가리키거나 모두를 가리키는 데 쓰인다.

4.2.3 몇몇 대명사의 용법

인칭 대명사 '我们'과 '咱们'은 모두 일인칭 무리를 가리키는데 의미는 다르다. '我们'은 청자를 포함하지 않는 배제식이다. '咱们'은 청자까지 포함하는 포괄식이다. 정식 담화나 서면어에서는 '我们'이 보편적이며 배제식과 포괄식 두 가지로 다 쓰인다. '咱们'은 '我们'보다 더 구어적이며 포괄식으로만 쓰이고 배제식으로는 쓰이지 않는다.

이인칭과 삼인칭은 존칭형이 있다. '你'와 '您' / '他'와 '您'.

삼인칭 '他'는 사물을 가리키는 데 쓰일 수도 있다. 서면어에서는 '牠' 혹은 '它'로 타나낸다. '它们'은 간혹 서면어에 쓰이기도 하지만 구어에서는 쓰이지 않는다.

4.3 시간사(时间词)

4.3.1 시간사의 기능

여기에서 말하는 시간사는 전적으로 의미에서부터 출발하여 분류한 것만은 아니다. 의미상으로 분류한다면 '马上', '立刻', '已经', '常常', '忽然'등 몇몇 부사 역시 시간을 나타내므로 시간사로 보겠지만 어법에서는 그렇게 간주하지 않는다. 시간사를 정하는 근거는 아래와 같은 기능에 따르기 때문이다.

(甲) 명사와 마찬가지로 주어, 목적어, 관형어 역할을 할 수 있어야

한다.

(乙) 직접 부사어가 될 수 있다. 이 점은 일반 명사에는 없는 기능이다.

> 예 ① 我们星期三开会。
> ② 咱们晚上谈吧!
> ③ 小张, 明天见!

(丙) 날짜를 나타내는 시간사는 긍정문에서 종종 술어 역할을 한다. 부정문에서는 단사를 써서 '不是'라고 한다.

> 예 ① 明天端午。
> ② 今天星期六。
> ③ 再过几天就儿童节了。

(丁) 수량을 나타내는 양사가 따로 없으면 '个'를 쓴다.

> 예 两个早晨　三个晚上　上个星期天　这个元旦

(戊) 통상 '在', '到' 등의 개사와 조합하여 시간을 나타내는 구를 이루어 문장 성분이 된다.

4.3.2 시간사의 범위

위에서 설명한 몇 가지 기능에 부합하면서 시간을 나타내는 단어는 모두 시간사로 분류할 수 있다. 시간사에는 다음과 같은 단어가 있다.

1) 시대, 왕조 : 夏代, 唐朝, 清末, 民国
2) 계절, 달 : 春季, 夏天, ……, 正月, 二月, ……
3) 명절, 절기, 기념일 : 元旦, 春节, 妇女节, 儿童节, 国庆, 端

阳, 中秋, 重阳, 春分, 冬至, 大暑, 芒种

4) 요일 : 星期一(周一), ……, 星期六(周六), 星期日

5) 날짜 : 一日, ……, 卅日, 卅一日, 初一, 初二, 初十, 十一, 上
旬, 中旬, 下旬

6) 시간 : 早晨, 上午, 晌午, 中午, 下午, 晚上, 夜里, ……, 饭
前, 饭后, 睡前, 临睡

7) 일반적인 때 : 从前, 以前, 过去, 当初, 起先, 现在, 近来, 以
后, 今后, 后来, 将来, 未来, 今年, 去年, 明年, 后年, 来年

4.3.3 시간사의 구성

위에서 예로 든 시간사를 보면 모두 복합어이고 단음절이 없음을
알 수 있다. '饭前', '夜里', '上半天', '下半天', '前清', '东周', '西汉'
처럼 방위사와 결합하여 만들어진 것도 적지 않다.

4.4 처소사(处所词)

4.4.1 처소사의 기능

처소의 지점, 위치를 나타내는 단어이며 아래와 같은 기능이 있다.

(甲) 주어, 목적어, 관형어로 쓰일 수 있다. 주어로 사물의 존재,
출현 혹은 소실을 나타내는데 쓰인다.

예 ① 门口站着两个人。
② 家里来客了。
③ 村上死掉一头牛。

(乙) 직접 부사어가 될 수 있다.

> 예 ① 咱们屋里谈吧!
> ② 老王, 广州见!
> ③ 他们一路上争论不休。

(丙) 일반적으로 양사와 결합하지 않는다.

(丁) 아래와 같은 형식으로 쓰이는 경우가 많다.

　　　到 …… 去　　从 …… 来　　向 …… 跑　　打 …… 来
　　　上 …… 去　　从 …… 走　　朝 …… 走

4.4.2 처소사의 구성

처소사에는 다음과 같은 종류가 있다.

1) 지명을 가리키는 단어 : 上海, 北京, 江苏(省), 通县, 永安里 (弄, 街 路) 등.

2) 사물의 위치를 나타내는 단어 : 前边, 上面, 里头, 右边 등.

3) 어떤 명사는 방위사와 결합하여 처소를 나타내는 단어를 만든 다 : 家里, 屋外, 校内, 身上, 心中, 海外, 国内, 江南, 川东, 皖北, 华中 등.

4) 지시사 뒤에 방위사 '边, 里, 面'이 결합되어 처소사를 만든다 : 这边, 那边, 哪边, 这里, 那里, 哪里, 这面, 那面, 哪面 등. ('这里, 那里, 哪里'는 '这儿, 那儿, 哪儿'이라고 해도 된다)

4.5 수사(数词)

4.5.1 수사의 기능

수사는 양사와 결합하여 수량구를 이루어 통사적 성분이 된다. 이렇게 결합된 구의 일상 기능은 관형어 역할이며 주어, 목적어 역할을 맡기도 한다.

현대 한어에서 수를 나타내는 단어는 수를 셀 때 양사를 붙이게 되며 결합하는 대상에 따라 다음 두 가지로 쓰인다.

> (甲) 사물의 수를 세는 경우 : '数+量+名'의 배치 방식으로 자주 쓰인다. 사물을 열거하거나 특별히 지시, 강조할 때는 명사를 앞에 놓을 수 있다.
>
> > 예 一张纸　三个学生　五项提案
> > 　素菜一筐　萝卜两包　铁板一块　大路一条

> (乙) 동작의 횟수를 세는 경우 : '动+数+量'의 배치 방식으로 자주 쓰인다. 누적된 횟수를 나타내거나 방법, 방식을 나타낼 때는 동사를 뒤에 놓는다.
>
> > 예 走一趟　打三拳　百次射击　百次优秀　射击了五次
> > 　一脚踢开门　一趟一趟地来　三拳打死镇关西

4.5.2 기수사(基数词)와 서수사(序数词)

(1) 기수사

기수사는 누적된 수량을 나타낸다.

예 一, 二, 三, ……, 十五, 二十, 三十, ……,
一百, 一千, 一万, …… 등.

(2) 서수사

서수사는 사물의 순서를 나타내는 것으로 기수사 앞에 '第'를 붙여
표시한다. 이 외에 기수사 앞에 '头'를 붙이면 이 숫자가 한 조에 속
한 것으로 순서가 있음을 나타낸다.

예 第一, 第二, ……, 第五十, ……, 第一百零五 등.
头五次, 头三回, 头几趟 등.

4.5.3 정수사(定数词)와 부정수사(不定数词)

(1) 정수사

정수사는 확실히 셀 수 있는 수사를 나타낸다.

예 一, 三, 五, 十, 百, 千, 万, 亿 …… 등.

(2) 부정수사

부정 수사는 정확하지 않은 대략적인 수량을 나타내거나 확정되지
않은 수량을 나타내는 수사이다. 부정 수사는 의문을 나타내거나 넓
은 범위로 가리킬 때 쓰인다.

예 几　多少　若干　好些
① 他们来了多少人? (그 사람들 몇 명 왔어? - 의문)
② 能派多少人去, 就派多少人去。
(보낼 수 있는 대로 몇 명 보내 - 범칭)

4.6 지시사(指词)

4.6.1 지시사의 기능

'这', '那', '哪' 같은 단어를 지시사라 하며 일반적으로 지시대명사로 귀납할 수 있다. 사실상 기본 작용은 대체하여 지칭하는 것이 아니라 지시 대상을 가리켜 구별하는 것이다. 게다가 기능상 수사와 뚜렷하게 일치하고 있다. 일반적으로 양사와 결합하여 지량구를 구성함으로써 통사 성분이 된다. 지량구의 기능은 수량구와 유사하여 관형어로 자주 쓰이며 주어나 목적어로 쓰이기도 한다. 양사 운용법을 한어 어법의 특징 중 하나라고 본다면 지시사도 수사처럼 하나의 대류로 분류할 수 있다. 지시사는 양사 없이 쓰일 때도 단독으로 주어나 목적어가 될 수 있다.

> 예 ① 这是一个好办法。
> ② 不能向人民伸手要这要那。

또한 지시사는 수사와 연용될 수 있으며 일반적으로 지시사가 앞에 온다.

> 예 那三张纸　每五个人　哪几点

4.6.2 지시사의 종류

(1) 원근 지시사(远近指)

원근지는 화자의 위치에서 가깝거나 먼 것을 가리킨다. '这'는 가까운 것을 가리키고 '那'는 먼 것을 가리킨다.

> 예 这　那

(2) 분합 지시사(分合指)

분합 지시사는 사물의 분포나 취합을 가리킨다.

> **예** 每 各 別 旁 诸 另

'每'는 양사와 결합하는 면이 비교적 넓어서 거의 모든 양사와 조합할 수 있다. '各', '別'등은 양사와 결합하는 면이 비교적 좁아서 결합이 제한적이다.

(3) 부정 지시사(不定指)

부정 지시사는 정해지지 않은 것이나 확실하게 가리킬 필요가 없는 것을 가리킨다.

> **예** 哪 某

여기에서 '某'는 '某某人'으로 중첩되어 쓰이기도 하는데 확실히 가리킬 수 없거나 그럴 필요가 없는 사물을 가리킨다.

> **예** ① 你到哪个学校去?(너는 어느 학교에 가니? - 의문)
> ② 哪张桌子空着, 你就搬哪张桌子去。
> (아무 탁자든 비어 있으면 그 탁자를 가져가라 - 범칭)

여기에서 '哪'는 의문을 나타내거나 넓게 가리키는 의미로 쓰인다.

4.7 구별사(简别词)

4.7.1 구별사의 기능

다음 몇 가지 기능 항목으로 구별사를 확정할 수 있다.

㈎ 통사 구조상 기본적으로 관형어로 쓰이며 명사 앞에 온다.

㈏ '的'가 붙으면 대체로 명사 같은 기능을 한다.

㈐ 일반적으로 단독으로 쓰이지 않는다.

㈑ 부사의 수식을 받지 않으며 부정할 때는 '非'를 쓴다. 이러한 조건에 따르면 아래 단어는 모두 구별사이다.

> 예 男　女　正　副　金　银　初级　微型　中号
> 柔性　最佳　公共　日用　国营　民办
> 浸润性　东风号　雷锋式　多功能　超高频

4.7.2 구별사의 종류

구별사는 명사 앞에 붙어 사물을 제한하고 설명한다. 의미 유형에 따라 아래와 같이 나눌 수 있다.

(1) 형식이나 상표를 나타내는 경우

> 예 型：小型　中型　大型　重型　轻型　微型　巨型　流线型
> 瓜子型
> 式：男式　女式　苏式　广式　蛙式　自由式　落地式　中国式
> 马特洛索夫式
> 牌：三五牌　光明牌　前门牌　飞跃牌　扇牌　大白兔(牌)
> 米老鼠(牌)
> 号：东风号　长阳号　周恩来号

사물의 포장 양식을 나타내는 것도 있다.

> 예 简装　精装　平装　散装　袋装
> 瓶头(瓶头酒)　听头(听头奶糖)　盒头(盒头糖)　盆头(盆头菜)

이 중 '牌号'류는 단독으로 쓰여 명사의 기능을 갖는 경우도 있는데 이는 수사적인 용법 중 하나인 대유법으로 쓰인 것이다.

> 예 买一包前门牌　生产的是扇牌
> 乘东风号走　　长阳号还没有到岸

여기에서 구별사가 가리키는 것은 자신이 아니라 구별사가 한정하고 설명하는 사물을 가리킨다. '前门牌'는 담배 혹은 다른 물건일 수도 있고, '东风号'는 여객선일 수도 있고 기차일 수도 있다. 이들이 가리키는 것은 말하는 상황에 따라 확실히 정해진다.

(2) 등급을 나타내는 경우

> 예 等：高等　上等　初等　下等　中等　特等　优等　次等
> 　　同等　超等　甲等　乙等　头等　二等　等外
> 级：初级　中级　低级　甲级　乙级　超级　特级
> 　　次级　一级　二级　轻量级　重量级
> 号：大号　小号　中号　特大号
> 种：甲种　特种
> 类：一类　二类　正　副　最佳

(3) 속성을 나타내는 경우

> 예 迁延性　传染性　海洋性　大陆性　柔性　雌性
> 开放性　神经性　功能性　非生产性
> 优质　金质　银质　铜质
> 男　女　雌　雄　公　母　金　银
> 单　夹　呢　绒　棉　绸
> 高能　低能　高效　高速　超高频
> 宏观　微观　稳相　自动　半自动

国营　民办　私营　社办　铅制　铁制　机绣
多维　复方　夹心　五香　橘味　新兴　崭新
单向　双向　多向　单面　双面
野生　水生　多年生
精梳　提花　印花

(4) 기능이나 용도를 나타내는 경우:

예　公共　公用　民用　日用　军用　农用
药用　肉用　食用　三用　家用　袖珍
万能　全能　多功能

구별사는 음절 구조에 따라 다음과 같이 나뉘어진다.

(1) 단음절

예　正　副　男　女　公　母　雌　雄　单　夹
金　银　棉　绸　呢　绒　毛

단음절 구별사는 많지 않으며 의존성이 강하다. 명사를 수식할 때
는 일반적으로 '的'를 붙이지 않지만 강조의 의미로 붙일 수도 있다.
'是' 뒤에 쓰일 때는 모두 '的'를 붙여야 한다. 이러한 구별사는 보통
'상대어'가 존재한다는 특징이 있다.

(2) 이음절

예　微型　大号　特等　金质　全能　高能　柔性
公共　多维　台式　扇牌　国营　袖珍　新兴

이음절 구별사는 생산성이 강해서 모두 열거할 수 없을 만큼 많다.

(3) 다음절

> 예 流线型　中国式　封闭性　多年生
> 超高频　高尔基式　马特洛索夫式

이음절인 것에 비하면 적은 편이다. 삼음절 이상인 것은 대부분 외래어이거나, 그렇지 않으면 고유 명사에 '式', '型'이 붙어 만들어진 것이다.

4.7.3 구별사의 연용

일반적으로 '용어+고유명사' 조합에서 구별사가 연용되는 경우가 비교적 많다.

> 예 同步稳相回旋加速器
> 低泡速效增白洗涤剂
> 多维夹心大白兔奶糖

이 때 구별사는 각각 중심 명사를 한정 수식하며 직렬식이 아니라 병렬식으로 연결되어 있다. 아래 구조 분석을 보자.

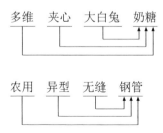

5 / 용언(用词)과 부사(副词)

　용언에는 동사, 형용사, 형사, 단사가 포함되는데 이 네 가지 품사 모두 독립적으로 술어 역할을 하고 부사의 수식을 받을 수 있다. 부사는 기본적으로 용언을 수식하고 문장에서 부사어나 보어 역할을 한다.

5.1 동사(动词)

5.1.1 동사의 기능

　동사는 의미 유형상으로 보면 행위 및 동작을 나타내며 어법 기능의 특징은 다음과 같다.

- (甲) '他来了', '大家讨论小王提出的问题。'에서와 같이 독립적으로 술어 역할을 할 수 있다.
- (乙) '不去', '已经决定了。'에서와 같이 부사의 수식을 받을 수 있다. 그러나 일반적으로 정도 부사의 수식은 받지 않는다. 따라서 '很去', '最讨论'이라 말하지 않는다.
- (丙) '吃饭了', '我们制订了新的规划。'에서와 같이 동사 대부분 목적어를 동반할 수 있다.
- (丁) '走!', '再讲下去!'에서와 같이 동작을 표시하는 동사는 명령형이 있다.

(戊) 상당수의 동사는 중첩이나 접사 부가 등을 할 수 있다.

5.1.2 동사의 가(价)

‘가价’는 원래 화학 원소의 원자가를 가리킨다. 프랑스의 언어학자 L. Tesnière[1]가 처음으로 이 용어를 언어학에 도입하였다. 일반적으로 동사를 핵심으로 하여 이루어진 통사 구조상 꼭 갖추어야 하는 배위配位 성분의 종류와 수량을 가리키는데 쓰인다. 만약 배위 성분이 반드시 하나가 필요하다면 1가 동사이다. 예를 들어 ‘他醒了’에서 ‘醒’은 하나의 행위자가 필요하다. 배위 성분이 반드시 둘이 있어야 한다면 2가 동사이다. 예를 들어 ‘孩子读书’에서 ‘读’의 경우에는 행위자 하나와 동작의 대상 하나, 즉 두 개의 배위 성분이 필요하다. 배위 성분이 셋이 있어야 한다면 3가 동사이다. 예를 들어 ‘哥哥给弟弟一支笔’에서 ‘给’의 경우에는 행위자 하나와 동작의 대상 둘, 즉 세 개의 배위 성분이 필요하다. 이러한 배위 성분은 해당 동사가 통사 구조를 이루고 의미를 완전하게 나타내는 데 강제성이 있다. 동사의 ‘가’를 ‘향向’이라 부르기도 한다.

---

1) Lucien Tesnière (1893~1954) 프랑스 언어학자. 결합가 이론의 선두주자 혹은 창시자로 알려짐. 1953년 구조문법의 개요를 다룬 책에서 결합가(valenz: : valence, 원자가)라는 말을 사용하였다. ‘결합가’라는 개념은 화학용어에서 가져온 것으로 분자 내에서 어떤 원자가 다른 원자와 이루는 화학 결합의 수를 말한다. Tesnière 등 결합가 이론을 주창했던 학자들은 어법학에 결합가의 개념을 사용하여 하나의 동사가 의미역이 다른 명사 혹은 명사성 어구를 몇 개를 가질 수 있는지 설명하였다. 결합가 이론에서는 문장의 핵심인 동사를 중심으로 문장의 통사 관계를 파악하고 있으며, 동사와 관련이 있는 논항의 수, 즉 동사가 취하는 필수 요소의 수를 결합가로 지칭한다. 이 때 동사의 결합가수를 결정하는 논항은 문장에서 동사의 주어가 되거나 목적어가 되는 명사성 성분이다. 동사의 결합가는 0에서 3까지다. 필수 요소가 없는 경우는 0가 동사, 필수 요소가 셋인 경우 3가 동사이다. (역주)

5.1.3 동사의 재분류

동사는 한어 품사 체계에서 가장 복잡한 품사이며, 술어로 쓰이는 빈도가 가장 높고 다른 품사와의 사이에서 생기는 구조 관계도 가장 다양하다. 동사의 특징을 잘 이해하려면 동사를 다시 분류할 필요가 있다. 동사가 목적어를 동반하는지 여부에 따라 일반적으로 타동사와 자동사로 구분할 수 있다. 또한 어법 특성에 따라 심리 동사, 존재 및 소유 동사, 수여 동사 등으로 세분할 수 있다.

5.1.4 타동사(及物动词)와 자동사(不及物动词)

한어에서 자동사와 타동사의 구분은 다음 두 가지를 보아야 한다.
첫째, 목적어를 동반할 수 있는가?
둘째, 어떤 종류의 목적어를 동반할 수 있는가?

(1) 자동사

한어에서 어떤 동사가 목적어를 동반할 수 없거나 행위주체 목적어实施宾语[1]를 동반할 수 있다면 모두 자동사에 속한다. 한어에 자동사는 많지 않다. 상술한 두 가지는 자동사를 더 세분한 것이다.

(甲) 목적어를 동반할 수 없는 동사

예					
结婚	摄影	照相	毕业	就业	失业
发愣	吹牛	帮忙	上当	吃亏	洗澡
鞠躬	起身	睡觉	致敬	辞职	告吹

---

1) 동작의 주체가 되는 목적어. 구조상으로는 목적어 위치에 있으나 의미상으로는 동작의 주체, 행위자임. '来了客人'등 특정 구문에 보임. (역주)

위 동사의 구조는 모두 술목식이나 술목식 동사가 모두 자동사인 것은 아니다. 예를 들어 '抱怨', '怀疑'등은 타동사이다. 아래와 같이 삼음절 이상의 다음절 단어 중에서 접미사 '化'가 붙은 동사는 모두 목적어를 동반할 수 없다. 자동사이다.

> 예 简单化　复杂化　合作化　民族化　军事化　机械化
> 信息化　拼音化　代码化　国际化　公开化

다음 예도 목적어를 동반할 수 없다.

> 예 胜利　休息　工作　咳嗽　劳动　跳跃　考试　生活　失败
> 退却　逃跑　倒退　前进　归来　合作　降临　行走　演绎
> 上升　后退　萎缩　诞生　哭泣　嚎叫　跌　　醉　　饱

(乙) 행위주체 목적어를 동반할 수 있는 동사:

> 예 走　跑　来　去　立　站　坐　死　睡　躺　饿　渴
> 活　生　到　飞　滚　爬　流　病　逃走　蹲(着)

이런 동사는 행위주체 목적어를 동반할 때 '了, 着, 过'등 접미사가 부가되어 형태상의 변화를 보인다.

(2) 타동사

한어에서 어떤 동사가 반드시 목적어를 동반해야 하고, 행위객체 목적어受事宾语[1]를 동반할 수 있으나 일반적으로 행위주체 목적어施事宾语를 동반할 수 없다면 모두 타동사에 속한다. 한어 동사는 절대 다수가 타동사이다.

----

1) 행위주체 목적어에 상대되는 말, 동작의 대상이 되는 목적어. (역주)

여기에서 '반드시 목적어를 동반해야 한다'는 일반적으로 타동사는 술어 위치에 있을 때 목적어가 없으면 안 된다는 뜻이다. 그러나 아래와 같은 특수 상황은 예외이다.

- 피동문에서는 목적어가 필요 없다. 예를 들어 '饭被吃光了'라는 문장을 보면 원래의 목적어는 주어가 되었다.
- 형사 뒤에서 목적어가 될 때, 예를 들어 '应该读', '愿意看'에서는 동사의 목적어가 생략되었다.
- 일정한 언어 환경에서는 목적어를 생략해도 의미가 보충될 수 있다. 예를 들어 '你吃, 我不吃了', '你统统吃了吧!'라는 문장에서 목적어는 눈앞에 있는 음식을 가리킨다.
- 술어가 복잡한 경우, 예를 들어 '大家边读边议, 很有收获', 이 문장에서도 목적어가 생략되었다.

5.1.5 심리동사(心理动词)

이는 전적으로 의미상으로만 분류한 것이 아니라 동사가 목적어를 동반하고 부사와 결합한다는 상황을 근거로 한 분류이다. 심리 동사에는 다음과 같은 어법 특징이 있다.

(甲) 수반되는 목적어는 체언성일 수도 있고, 용언성일 수도 있다.

> 例 喜欢 : 他喜欢小朋友　他喜欢玩
> 　　赞成 : 赞成这个意见　赞成这样做
> 　　爱 : 爱人民, 爱祖国　爱钻研, 爱创新
> 　　害怕 : 害怕老虎　害怕生病

(乙) 정도 부사의 수식을 받을 수 있다.

> 例 很想　最爱　更喜欢　很相信　非常害怕

심리 동사는 정도 부사의 수식을 받은 후에도 여전히 목적어를 동반할 수 있으며 이 때 문장 성분은 다음과 같은 구조로 분석할 수 있다.

예 很想 / 孩子　　最喜欢 / 打球　　更欣赏 / 这个意见

이것은 일부 동사에 '很'을 붙일 수 있는 상황과는 다르다. 일부 동사의 경우 다음과 같은 구조로 분석할 수 있다.

예 很 / 读了点书　　很 / 吃了点苦头

아래에 심리 동사의 예를 든다.

예 爱　怕　想　恨
　　热爱　赞成　同意　了解　相信　欣赏　需要
　　注意　害怕　喜欢　喜爱　同情　向往　希望
　　拥护　满意　讨厌　爱戴　想念　怀念　厌恶

5.1.6 수여동사(给予动词)

이 부류의 동사는 이중목적어를 갖는다.

예 借你一把伞　还老张十元钱　赢了他一个球
　　给他一本书　问小王一件事　送朋友一盒礼品
　　他教我英文

동사에 '给'가 부가되고 이중목적어를 동반할 수 있다면 이 동사는 복합 수여동사라고 볼 수 있다.

예 送给　卖给　买给　拿给　寄给　画给
　　写给　留给　盛给　付给　输给　拨给

算给　开给　推给　交给　让给　还给
献给　败给　添给　介绍给

　　수여동사의 이중목적어 배열 순서를 보면, 사람을 가리키는 직접목적어가 먼저 오고 그 다음에 사물을 가리키는 간접목적어가 온다. '给'가 붙은 복합동사는 모두 구형접미사 '了'를 붙일 수 있으나 '着'나 '过'는 붙일 수 없다.

5.1.7 존유동사(存有动词)

　　'有'는 매우 특색 있는 동사이다. 특징을 보면 다음과 같다.

(甲) 부정을 나타낼 때 부사 '不'와 결합하지 않고 '没'와 결합하여 '没有'라고 한다.

(乙) '有时间', '有办法', '有人'에서와 같이 목적어는 일반적으로 체언이다. 그러나 숙어로 쓰이는 구에서는 병렬 대구 방식으로 동사나 형용사 목적어가 오기도 한다.

　　　예 有吃有穿　有说有笑　有重有轻　有近有远

(丙) 목적어와 결합한 후에 정도 부사의 수식을 받을 수 있다.

　　　예 很 / 有希望　最 / 有办法　更 / 有意思　非常 / 有钱

(丁) '是 …… 的' 구조에 들어갈 수 있다.

　　　예 这种情况是(有)的。　这本书图书馆是(有)的。

(戊) 형사의 목적어가 될 수 있다.

例 应该有自知之明　　可能有这种情况

(己) '了', '着', '过'를 붙일 수 있다.

例 有了 : 你一来, 大家就有了主心骨了。
有着 : 他有着自己的打算。 这对于他们有着重大的意义。

여기에서 '着'는 동사 뒤에 붙어 지속의 의미를 나타내는 '着'
와는 좀 다르다. '有'의 동사성을 강조하는 작용을 한다.

有过 : 这种事情早已有过了。
她有过一个孩子, 后来死了。

'有'의 부정형인 '没有'에 접미사 '着'는 붙일 수 없으나 '了',
'过'는 붙일 수 있다.

(庚) '有' 뒤에 직권이나 기능 등을 나타내는 추상 명사가 있는 구
가 올 때는 뒤에 동사구를 동반할 수 있으며 평가하는 의미를
띠고 있다.

例 你有责任指出 ……　　　群众有理由提出责问。
人民有权利这样做。　　　我有义务担当这项工作。
有能力把事情办好。　　　他有办法克服困难。
有本领解决这个难题。　　　此事没有希望解决了。
谁也没有胆量干这种事。

(辛) 어떤 동사는 '有'를 붙이면 존재의 의미를 나타내며 뒤에 체언
목적어를 동반한다.

例 设有障碍　　备有茶水供应
埋有地雷　　刻有小字一行

留有余地　　具有同等学历
带有病菌　　配有小锁一把
富有魅力　　拥有众多读者
共有财产　　占有重要位置
附有说明书　装有自动降温计

没有'나 '裝有'같은 부류는 존유를 나타내는 복합 동사로 볼
수 있다.

종합하여 말하자면 '有'는 다음 두 가지 의미를 나타낸다.

(甲) 소유

> 예 我有一本书。
> 党有党规，国有国法。
> 这一代青年很有希望。

(乙) 존현

> 예 桌子上有杯水。
> 今天下午有会。
> 教室里有两个学生在做功课。
> 有情况!

위 문장은 '有'가 쓰인 존현문이다. 이러한 존현문에서는 시간
사와 처소사가 주어로 쓰이고, 존현 사물을 나타내는 명사가
목적어로 쓰이는 경우가 많다.

5.2 형용사(形容词)

5.2.1 형용사의 기능

한어 형용사의 기능은 기본적으로 동사와 마찬가지다. 동사와 형용사를 동태와 정태라는 대립되는 부류로 가르지 말고 대동소이한 두 부류로 보아야 한다. 형용사가 동사와 다른 점은 다음과 같다.

(甲) 정도 부사의 수식을 받을 수 있다.

> **예** 很好　最大　极活泼　更正确　太宽大
> 非常美丽　十分宏伟　顶重要　挺便当

(乙) 비교구문에 자주 쓰인다.

> **예** A比B ……　　　A同B一样 ……

(丙) 일반적으로 목적어를 동반할 수 없다. 아래 예는 절대 목적어를 동반할 수 없는 형용사이다.

> **예** 伟大　宏伟　壮丽　辉煌　正确　重要
> 重大　高大　细致　干净　清洁　卫生
> 漂亮　美好　新鲜　英明　卓越　著名
> 生动　朴实　老实　强壮　便当　清淡
> 雪白　火红　圆滑　滚圆　英勇　完整
> 粗糙　肤浅

(丁) 일반적으로 명령문으로 쓰이지 않는다. 예외적으로 '快', '慢' 같은 몇몇 단음절 형용사는 명령문으로 쓰일 수 있다. 또한 '老实点!'류의 명령문도 있다.

(戊) 형용사의 형태변화법과 생동 접미사가 있다.

5.2.2 형용사의 비교급 표현법

현대 한어에서 형용사의 비교 표현은 일반적으로 정도 부사(혹은 다른 부사)를 형용사 앞에 붙여 차등을 나타낸다. 대체적으로 다음과 같은 등급으로 나뉜다.

부정급 - 차급 - 원급 - 차고급 - 최고급 - 과도급
　负级　　次级　　原级　　较高级　　最高级　　过分级

예　不好 - 比较好 - 好 - 更好、好一些 - 最好 - 太好
　　不多 - 比较多 - 多 - 更多、多一点 - 最多 - 太多

이 외에 '很', '满', '挺', '十分', '非常', '极其' 등의 부사를 형용사 앞에 붙여 '비상급非常级'을 만든다. 비상급은 형태론적 방법으로 만들기도 한다. 예를 들어 '干净'은 '干干净净'으로, '糊涂'는 '糊里糊涂'로, '雪白'는 '雪白雪白'로 형태를 변화시켜 비상급을 만든 경우이다.

두 가지 항목의 차등을 비교하여 나타낼 때 다음과 같은 배치 방식을 쓴다.

(甲) 평비(平比) : 비교 대상이 동등하거나 유사하다.

　1) A同/和B一样~ :

　　　예　小张同小王一样高。
　　　　　今天和昨天同样热。

　2) A像B一样~ :

　　　예　他的脸像煤炭一样黑。
　　　　　新社会生活像蜜糖一样甜。

(乙) 차비(差比) : 비교 대상이 서로 차이가 있음.

3) A比B~：

> 例 我的书比你多。
> 　　小王比小张高。

4) A比B~ + 수량구：

> 例 他比小张大一岁。
> 　　这本书比那本书贵一角钱。

5) A比B~着 + 수량구（+呢）：

> 例 你比他大着好几岁呢。
> 　　咱比人家矮着一大截呢！

6) A~于B：

> 例 为人民而死重于泰山。
> 　　枫叶红于二月花。

7) A没有B那样~：

> 例 西山没有东山那样高。

8) A不如B那样~：

> 例 上海的天气不如南京那样热。

9) A比B更~：

> 例 这个办法比那个办法更省便。

10) A比B还要~：

> 例 党的恩情比海洋还要深。

(丙) 급비(级比) : 최고급, 최상급

11) A比什么(谁)~ :

> **예** 这比什么都好。
> 他比谁都胆大。

12) 再~也没有了 :

> **예** 这样做再好也没有了。

13) 谁/什么都比不上A~ :

> **예** 谁都比不上他勇敢。　什么地方都比不上家乡好。

5.2.3 목적어를 동반하는 형용사

형용사가 목적어를 동반하는 상황에는 어느 정도 어법상 제한이
있으며 타동사처럼 자유롭게 목적어를 갖지는 못한다.

(甲) 단음절 형용사가 목적어를 가질 때는 일반적으로 형용사 뒤에
동태 접미사가 뒤따른다.

> **예** 直着嗓门叫　苦了老王了　尖起嘴唇喝茶
> 红了杏桃绿了芭蕉

(乙) 이음절 형용사가 목적어를 가지며 사동의 의미를 나타낼 경우
일반적으로 '着', '过'는 같이 쓰이지 않으나 '了'는 쓰일 수 있다.

> **예** 繁荣(了)市场　活跃(了)思想　严肃(了)纪律
> 明确(了)责任　端正(了)态度　纯洁(了)队伍

(丙) 비교 구문에서는 이중 목적어를 가질 수 있다.

> 예 他多你三张纸　小王大小张三岁
> 　　我小爷爷两辈　姐姐高弟弟一个头

물론 '比'를 사용할 경우 하나의 수량 목적어만을 갖는다.

> 예 姐姐比弟弟高一个头　我比爷爷小两辈
> 　　小王比大家多三块钱

5.3 형사(衡词)

5.3.1 형사의 기능

형사의 기본 기능은 동사, 형용사와 마찬가지이나 형사만의 독특한 점도 있다. 형사의 기능을 종합적으로 말하면 다음과 같다.

(甲) 술어를 담당할 수 있으며 주어로는 쓰일 수 없다.
(乙) 용언만 목적어로 올 수 있으며 체언은 목적어로 올 수 없다.
(丙) 'A怎样'은 가능하지만 'A什么'로 물을 수 없다. 대부분 'A不A'의 의문 형식을 쓴다.
(丁) 부사의 수식을 받을 수 없다.
(戊) 중첩할 수 없으며 동태 접미사 '了', '着', '过'를 붙일 수 없다.
(己) 관형어로 쓰일 수 없다.

5.3.2 형사의 범위

한어에서 형사는 술어 기능이 있지만 목적어로는 용언만 올 수 있다. 이런 품사는 수가 많지 않아서 하나하나 열거할 수 있을 정도다.

자주 쓰이는 형사는 다음과 같다.

要	须要	必须	须	得	应当	应该	应	该
会	可能	可以	肯	许	许可	打算	敢	敢于
愿	愿意	情愿	企图	试图	希图	妄图	妄想	
配	值得	乐得	乐意	乐于	勇于	善于	宜于	
能	能够	容易	带头	决计	决意	高兴	难	

형사는 적지 않은 어법 논저에서 '조동사'라 불린다. 이는 인도 - 유럽어의 '조동사'를 그대로 끌어다 쓴 것인데 한어에서 이런 부류의 단어를 조동사라고 하는 것은 적당하지 않다.

5.3.3 형사 내부의 기능 차이

형사를 자세히 고찰해보면 기능별로 아래와 같이 세분할 수 있음을 알 수 있다.

(甲) 어떤 것은 단독으로 쓰일 수 있으나 어떤 것은 단독으로 쓰이지 않는다. 단독으로 쓰일 수 있는 것으로는 '敢', '肯', '情愿', '应该', '应当', '愿意' 등이 있고 단독으로 쓰일 수 없는 것으로는 '必须', '打算', '敢于', '可', '配', '善于', '应', '勇于' 등이 있다.

(乙) 대부분 'A不A' 형식으로 쓸 수 있지만, '必须', '得', '勇于' 등 몇몇은 이렇게 쓰이지 않는다.

(丙) 어떤 것은 정도 부사의 수식을 받을 수 있지만 어떤 것은 받을 수 없다. 정도 부사의 수식을 받을 수 있는 것으로는 '必须', '可能', '可以', '善于', '愿意', '值得' 등이 있고 받지 못하는 것으로는 '打算', '得', '企图', '许可' 등이 있다.

(丁) 어떤 형사는 목적어가 용언 중에서도 동사에만 국한되나, 제한을 받지 않는 형사도 있다. 동사 목적어만 올 수 있는 것으로는 '敢', '敢于', '肯', '打算', '带头', '企图', '勇于' 등이 있고 목적어에 제한이 없는 것으로는 '必须', '够', '可能', '可以', '应该', '应当' 등이 있다.

이 외에 '是 …… 的'구문에 들어갈 수 있는지, '所'를 붙일 수 있는지 등의 기능 항목은 각각 상황에 따라 다르다.

5.4 단사(断词)

5.4.1 단사의 기능

단사는 용언에 공통된 일반적인 기능을 가지고 있으며 또한 단사만의 특징도 가지고 있다.

(甲) 단사가 술어로 쓰일 때는 일반적으로 목적어가 있어야 한다.

> 예 复旦大学是一所综合性大学。
> 他就是小张。

(乙) 부사의 수식을 받을 수 있으며 정도 부사 '最', '很', '更'의 수식을 받을 수 있다.

> 예 这里已经是市区了。
> 方法很是不同, 结论更是不一样。

'是'가 정도 부사의 수식을 받을 때 목적어는 용언인 경우가 많다.

(丙) 구형 접미사 '了', '着', '过'를 붙일 수 없다.

(丁) 형사의 지배를 받을 때 단사는 자신의 목적어와 함께 형사의 목적어가 될 수 있다.

> **예** 一个语言单位可以是单纯的, 也可以是复杂的。
> 情况应该是这样才算正常。

그러나 모든 형사가 이처럼 단사와 결합할 수 있는 것은 아니다.

(戊) 주어나 관형어가 될 수 없다.

(己) 명령형이 없다.

5.4.2 단사의 범위

현대 한어에서 단사는 많지 않아 다 열거할 수 있을 정도이다. '是'는 전형적인 단사로써 사용 빈도가 가장 높다. 이 외에 다음과 같은 단사가 있다.

> 为　像　好像　好似　似　类似　如　好比　犹如
> 等于　属于　叫　名叫　叫做(作)　称　称为

5.4.3 단사 '是'는 강조 용법에 쓰인다

단사는 강하게 단정을 할 때 쓰이며 강조의 의미를 띤다. 이러한 용법으로는 다음과 같이 몇 가지 방식이 있다.

(1) '是'는 강조하려는 단어에 따라 위치가 달라진다. 강조하고자 하는 것의 앞에 놓아 강한 단정을 나타낸다. 예를 들어 '我昨天去公园。'이라는 문장은 다음과 같이 몇 가지 강조 표현이

만들어진다.

> **예** 我是昨天去公园的。
> 我是昨天去的公园。
> 我昨天是去公园的。
> 是我昨天去公园的。
> 昨天去公园的是我。
> 我昨天的是公园。

여기에서 분열문과 준분열문이 생긴다고 보는 견해[1]도 있다.

(2) '是'는 용언 술어 앞에 놓인다.

> **예** 这个人是好。
> 我是不去(的)。
> 是应该, 不是不应该。
> 老张是去上海, 不是去杭州。
> 那个孩子是不怎么聪明。

---

[1] 분열문은 하나의 문장이 두 부분으로 나뉘어진 문장을 말한다. 분열문은 강조 작용을 한다. 원래 문장의 구조를 바꿔 특정 성분이 부각되게 함으로써 문장 정보의 핵심이 되게 한다. 특히 어조 표기가 부족한 서면어에 자주 쓰여 문장 정보의 중점이 어디인지를 확실하게 나타낸다. 단사 '是'와 결정을 나타내는 어기사 '的'를 써서 한 문장을 두 부분으로 나누어 앞부분에서는 화자의 가정(예상)을 나타내고 후반부에서는 정보의 초점을 나타낸다. 의미 중심 혹은 강조할 초점을 '是'뒤에 놓는다. 예를 들어 '张先生十五年前在上海读大学'라는 문장은 '张先生十五年前是在上海读大学的'라는 분열문으로 바뀐다. 어떤 때는 '的'가 문장 끝에 나타나지 않고 동사와 명사목적어 사이에 나타나기도 한다. 예를 들어 '张先生十五年前是在上海读的大学'에서처럼 '的'의 위치가 바뀌었다. 이런 문장은 '변형된 분열문'이다. 한어에서 소위 준분열문은 분열문과 구조가 비슷한데 문장의 주어와 술어를 서로 바꾸고 중간에 '的是'를 넣음으로써 '是'뒤에 오는 단어에 의미의 초점이 오게 된다. 예를 들어 '小明会英语'는 '会英语的是小明'이 된다. 어떤 때는 '小明会的是英语'에서와 같이 '的是'가 동사와 목적어 사이에 낄 수도 있다. 준분열문은 분열문과 달리 '的'와 '是'가 연용 되어야 하며 주어와 술어, 혹은 동사와 목적어 사이에 쓰인다.

(3) 용언 술어에 자리에 '是不是'와 같은 중첩 의문식을 사용하면 의문을 훨씬 강조하는 효과가 있다.

> 예 这个人是不是好?
> 这个人好, 是不是?
> 你是不是知道这件事?
> 你知道这件事, 是不是?
> 是不是你知道这件事?
> 是不是应该去一下?
> 应该去一下, 是不是?

이런 문형에서 '是不是'를 쓰지 않고 용언 술어를 중첩하여 의문을 나타낼 수도 있다.

> 예 这个人是不是好? 这个人好不好?
> 你是不是知道这件事? 你知道不知道这件事?
> 是不是应该去? 应不应该去?

위 두 가지를 비교해보면 '是不是'의 강조 작용이 더 두드러진다.

5.5 부사(副词)

5.5.1 부사의 기능

문장에서 부사는 용언 혹은 용언구와 함께 쓰이며 기능은 다음과 같다.

(甲) 일반적으로 단독으로 쓰이지 않는다. 다만 '不', '也许', '没有' 등 몇몇 부사는 대답에 단독으로 쓰일 수 있으며 '不了', '也许

吧'같은 생략형 소형 구문1)에서 단독으로 쓰일 수 있다.

(乙) 기본 기능은 용언 수식과 부사어 역할이다. 일정 조건하에 체언을 수식할 수도 있는데 이 때 체언은 술어 위치에 오고 부사는 부사어 역할을 하는 경우가 많다. 일반적으로 문장에서 가능하며 구 단위에서는 안 된다.

> **예** ① 他也太正人君子了!
> ② 房间里就小张在。
> ③ 明天又星期天了。
> ④ 地上净水。
> ⑤ 时间都是二点了, 他还没回家。

이 외에 '偶然的机会', '突然的事件', '刚才的事情'같은 구에서 '偶然', '突然'은 정도 부사로 수식할 수 있으며 '是 …… 的' 구문으로 쓰일 수 있으므로 형용사로 보아야 한다. '刚才'는 시간사의 특징을 띠고 있다.

(丙) 주어, 술어, 목적어, 보어 역할을 하지 못한다. 예외적으로 '不', '没有'는 '我不, 他没有'같은 주술식 문장에서 응답어로써 단독으로 술어 역할을 할 수 있다. 또 정도 부사 '很', '极'는 '好得很', '好极了'와 같은 구에서 보어로 쓰일 수 있다.

(丁) 부사는 일반적으로 부사를 수식하지 않지만 '偏不', '可不', '也许没有'등 몇몇 유형에서는 부사가 부사를 수식할 수 있다.

---

1) 零句(minor sentence), 여기에서 '零'은 '零碎'의 뜻으로 일종의 소형 문장, 조각 문장이라고 할 수 있다. 주어, 동사 등 문장에 필요한 성분 중 일부가 생략된 문장으로써 주로 대화에 자주 등장하며 생략된 부분은 상황 맥락으로 알 수 있다. (역주)

5.5.2 부사의 차류(次类)

부사는 용언을 수식하고 부사어로 사용되는 품사로써 수량은 하나 하나 열거할 수 있을 만큼 유한하다. 부사는 용언을 수식하는 기능에 따라 다음과 같이 몇 가지 차류로 세분할 수 있다.

(1) 부정부사(不定副词)

不　没　没有　未　别　不必　不妨　甭　莫　未必

(2) 정도부사(程度副词)

很　更　最　顶　挺　太　极　颇　满　更加
比较　过于　稍微　十分　非常　格外　尤其
越发　异常　略微　特地　这么　那么　多么

정도 부사와 형용사는 광범위하고 자유롭게 결합하지만 동사, 형사, 단사와 결합하는 것은 제한적이다. '很', '最', '更'등 몇몇 정도 부사만 가능하며 이들의 수식을 받는 단어도 제한적이다. 이들 품사에 속하는 단어 중 일부만 가능하다.

(3) 시간부사(时间副词)

才　又　还　重　再　常　刚　已　将　正(chóng)
暂且　立刻　正在　已经　马上　刚巧　刚刚
曾经　常常　忽然　依然　顿时　终于　渐渐
一向　一直　始终　每每　往往　乍　不时地

(4) 범위부사(范围副词)

全　都　总　仅　只　就　也　光　净　才　单

統统　总共　一共　全都　大约　大概　大致

大约摸　约摸　仅仅　约略

(5) 정태부사(情态副词)

亲自　互相　大力　竭力　大肆　肆意　公然

私自　相继　陆续　悄悄　赶紧　恰恰　恰巧

幸亏　居然　果然　究竟　简直　硬是　反正

横竖　姑且　或许　也许　几乎　绝对　差点儿

상술한 각종 부사는 용언이나 용언구를 수식하는 범위에 차이가 있다. 일반적으로 정도 부사는 형용사에 많이 적용되고 동사에는 적게 쓰인다. 반면 정태부사, 시간부사는 동사에 많이 적용되지만 형용사에는 적게 쓰인다. 이 외 다른 부사는 대부분 두 가지 용언에 두루 쓰인다.

6 허사(虛词), 감탄사(感词), 의성사(象声词)

허사에는 방위사, 개사, 연사, 조사, 양사, 어기사 등 여섯 가지 품사가 있다. 감탄사와 의성사는 쓰임이 상당히 자유로워서 실사와 허사 두 부류 외에 따로 분류한다.

6.1 방위사(方位词)

6.1.1 방위사의 특징

방위사는 허사로써, 위치를 나타내는 체언에서 변천해온 것이다. 기능상 특징을 보면, 일반적으로 단독으로 쓰이지 않으며 주로 명사나 명사구에 붙어 처소사, 시간사를 구성하거나 장소와 시간을 나타내는 구를 구성한다.

> 예 屋里　街上　门外　饭后　年前
> 院子里　书架上　三天前　一年之前

방위사는 동사, 동사구, 주술구 뒤에 붙어 시간을 나타내는 단어나 구를 구성한다.

> 예 睡前　走后　学前　讨论中　上学以后

일부 명사와 결합하여 어떤 방면, 조건, 범위 등을 나타내는 구를 구성한다.

예 领导上　原则上　思想上　理论上

방위사는 일반적으로 단독으로 쓰이지 않으나 문언이나 관용어구에서는 단독으로 쓰이기도 한다.

예 前呼后拥　东张西望　上有天堂, 下游苏杭。

6.1.2 방위사의 종류

방위사는 단음절인 것과 이음절인 것이 있다. 다음 예는 단음절 방위사이다.

예 上　下　前　后　里　外　内　中
　　间　左　右　旁　东　西　南　北

이음절 복합방위사 중 어떤 것은 단음절 방위사 뒤에 '边', '面', '头'가 붙어 이루어진다.

예 上边　外边　里边　前边　东边
　　上面　外面　里面　前面　右面
　　上头　外头　里头　前头　后头

이음절 복합방위사 중 어떤 것은 단음절 방위사 앞에 '之', '以'가 붙어 이루어진다.

예 之上　之下　之内　之外　之前
　　以上　以下　以内　以后　以东

단음절 방위사는 일반적으로 단독으로 쓰이지 않으며 허사에 속한다. 복합방위사는 단독으로 쓰일 때도 있고 그렇지 않을 때도 있다.

또 어떤 상황에서는 방위사로 쓰이고 어떤 상황에서는 처소사나 시간사로 쓰이는 등 비교적 자유롭다. 따라서 개사가 동사와 허실의 성질을 겸하고 있는 것처럼, 복합방위사 또한 허사와 실사의 성질을 겸하고 있다고 볼 수 있다.

6.2 개사(介词)

6.2.1 개사의 특징

(甲) 단독으로 쓰이지 않는다.

(乙) 단독으로는 문장 성분이 되지 못하지만 명사와 결합하여 개사구를 이루면 문장 성분이 될 수 있으며 주로 부사어로 쓰인다.

> 예 他从北京来。
> 大门朝南开。

(丙) 일부 개사는 동사 뒤에 붙으며, 읽을 때는 동사와 붙여 읽어 뒤따르는 명사와는 분리된다. 동사와 개사가 결합한 이런 조합은 복합동사로 보아도 무방하다.

> 예 来自五大洲　走向胜利　生于1900年

6.2.2 개사의 종류

아래에 열거한 것은 자주 쓰이는 개사이다.

> 예 在　跟　和　同　到　向　朝　从　把　被　使
> 自　趁　望　对　于　由　打　比　照　据　给
> 对于　关于　至于　由于　按照　依照　根据

冲(着)　顺(着)　沿(着)　按(着)　凭(着)

除(了)　为(了、着)

상술한 개사는 대부분 동사를 겸하며 어떤 때는 개사 위치에서 동사의 특징을 보여 다음 예에서처럼 'A不A'식의 의문 형식을 쓸 수 있다.

> 例 他在不在家看书? (他在家看书。)
> 老王到不到北京去? (老王不到北京去。)
> 车朝不朝东开? (车朝东开。)
> 这件事对不对他说呢? (这件事对他说。)

6.3 연사(连词)

6.3.1 연사의 작용

연사는 두 개의 언어 단위를 연결하여 둘이 호응하게 한다. 연사가 연결하는 단위는 단어일 수도 있고 구일 수도 있고 문장일 수도 있으며 단락일 수도 있다. 연결이 되면 언어 성분 사이에 연합, 편정, 삽입 등 구조 관계가 생긴다. 연사는 단독으로 쓰이기도 하고 다른 단어와 짝을 지어 쓰이기도 한다.

6.3.2 병렬연사(并列连词)

연합 관계를 구성하는 연사를 병렬연사라 하며 다음 두 가지로 나뉘어진다.

1) 단독으로 쓰이는 것
　　和　跟　同　与　及　并　而　或　或者

例 领导和群众　小王和小李都去了
　　热烈而镇静　寄上书一本, 并笔一支

2) 다른 단어와 짝을 지어 쓰이는 것
又 …… 又　　　既 …… 又
是 …… 还是　或者 …… 或者
不是 …… 就是　与其 …… 不如
不但 …… 而且(…… 甚至)

例 又红又专　既是亲兄弟又是好同志
　　是你去还是他去？
　　不但表示同情 , 而且坚决支持 , 甚至亲自参与

6.3.3 편정연사(偏正连词)

편정 관계를 구성하는 연사를 편정연사라 한다. 단독으로 쓰이는
경우는 많지 않으며 일반적으로 다른 단어와 짝을 지어 쓰인다.

因为 …… 所以　虽然 …… 但是(可是)
如果 …… 那就　尽管 …… 还是
即使 …… 也　　既然 …… 就
只要 …… 就　　除非 …… 才
宁可 …… 也不　尚且 …… 何况

실제 사용할 때는 일부를 생략하기도 한다. 예를 들어 원인을 나
타내는 '因为'를 쓸 때, 결과를 나타내는 '所以'는 꼭 쓰지 않아도 된
다. 이 부류의 연사는 편정 복문을 구성하게 된다.

例 只要群众的要求是合理的, 就应该努力去办。
　　尽管条件比较差, 他们还是完成了任务。

6.3.4 삽입연사(穿插连词)

덧붙임 관계를 이루는데 쓰이거나 문장과 문장 중간 혹은 단락과 단락 중간에서 앞 문장을 받아 뒷문장으로 이을 때 쓰이는 연사이다.

例如 如 比方 譬如 于是 其实 换言之
这样 这样一来 由此可见 就是说 即 总之
老实说 要说 …… 拿 …… 来说

이 부류의 연사는 복문을 구성하는 관련사로 쓰이는 것이 아니라 연관, 제시, 총괄 등을 표현하는 작용을 하며, 이는 텍스트 어법과 관련된 것으로 화용적 기능을 갖고 있다.

6.4 조사(助词)

6.4.1 조사의 기능

조사는 일정한 어법 단위에 부가된다. 주로 단어와 구에 부가되어 일정한 의미를 나타내거나 어법 표지로써 작용한다.

6.4.2 조사의 종류

조사가 붙는 위치에 따라 전치, 중치, 후치 조사로 나뉘어진다. 또한 기능에 따라 구조조사와 수반조사로 나눌 수 있다. 단어를 구성하는 상황에 따라 단순조사와 복합조사로 나눌 수 있다.

6.4.3 구조조사(表征祖祠)

표징조사는 단어의 구조 관계를 표지, 표징하는 조사로써 어떤 어법의 구조 방식을 나타내는데 필수적이므로 구조조사라고도 부른다.

1) 的 : 앞부분은 관형어이고 뒷부분은 중심어임을 나타낸다.

> **예** 我的朋友　蔚蓝的天空　我的学会烧饭，就在那个时候。

2) 得 : 동사, 형용사 뒤에 보어가 있음을 나타낸다.

> **예** 好得很　烧得一干二净　她笑得非常甜。

3) 地 : 앞부분은 부사어이고 뒷부분은 중심어임을 나타낸다.

> **예** 慢慢地站起来　迅速地克服了困难　好好地想想再说

위 세가지 조사는 모두 중치조사中置助词이며 구어에서 'de'로 발음한다.

4) 所 : 동사 앞에 부가되며 명사성 단위임을 나타낸다.

> **예** 这些女孩儿，所疼的独有你母亲。
> 此事你有所不知。
> 我所了解的情况……

6.4.4 수반조사(陪伴助词)

특정한 단어 어구에 부가되어 강조, 과장 등 특정 의미를 나타내는 조사이다. 수반 조사를 붙이는 것은 구조적 관계 때문이 아니라 의미를 제대로 표현하기 위해서이다.

1) 呢 : 설명하려는 대상을 언급할 때 뒤에 위치하며 휴지를 나타
낸다.

> 예 这样的事情呢, 我劝你还是别做的好。
> 吵呢, 也不要吵；打呢, 也不要打；讲理就是了!

2) 呀 : 나열하여 언급할 때 쓰이며 언급 대상 뒤에 위치하며 휴지
를 나타낸다.

> 예 什么鸟呀, 鱼呀, 狮子呀, 大象呀, 他都学着画。

혹은 위의 '呢'가 쓰이는 곳에 쓰이기도 한다.

> 예 这样的事情呀, 我劝你还是别做的好。

3) 唡 : 어구 뒤에 쓰이며 열거와 휴지를 나타낸다.

> 예 不管是香烟唡, 肥皂唡, 草纸唡, 针线唡, 什么都有卖。

4) 连 : 강조하여 특별히 제시할 때 쓰이며 언급 대상 앞에 위치한
다. 이 때 '连'은 '都'와 같이 쓰이는 경우가 많다. '连'을 개사로
보는 것은 타당하지 않다

> 예 连走路都走不动, 怎么还能跑步呢?
> 连这样的字都不认识, 文化水平可想而知。
> 连我都不知道这件事, 他更不用说了。

5) 来 : 대략적인 수를 나타내며 수량사 뒤에 위치한다.

> 예 三十来岁　十来里路　百来斤菜

6) 把 : 대략적인 수를 나타내며 후치조사이다.

> **예** 斤把重　千把人　碗把饭

7) 似的 : '~같은/이'의 뜻으로 유비를 나타내며 후치조사이다.

> **예** 木头似的呆在那里　花园似的城市

'似的'는 '像'과 호응하여 같이 쓰이기도 한다.

> **예** 这孩子就像猴子似的好动。
> 他好像还没有睡醒似的。

8) 的话 : 가설의 의미를 강화하며 후치조사이다.

> **예** 他实在不肯的话, 你就别勉强他了。
> 如果是我的话, 决不这么轻易放过他。

'似的', '的话'는 구조상으로 일종의 복합조사이다.

6.5 양사(量词)

6.5.1 양사의 기능

현대 한어에서 수를 세는 법을 보면, 추상적 수학 계산을 제외하고는 수사에 반드시 수를 세는 단위를 나타내야 한다. 이와 같이 수를 세는 단위를 나타낸 것을 양사라 한다. 예를 들어 '一张', '三条', '五块'에서 '张', '条', '块'가 양사이다.

기본 기능을 보면, 양사는 수사 혹은 지시사 뒤에 붙어 양사구(수량구 혹은 지량구)를 구성하여 문장 성분이 된다. 양사는 단독으로

직접 문장 성분이 될 수 없고 또한 단독으로 쓰이지도 않으며 바로
이런 특징에 근거하여 허사로 분류된다.

양사는 용법상 다음 두 가지를 주의해야 한다.

- 중첩하여 낱개를 나타내거나 전체를 두루 나타낼 수 있다.

  예 张张桌子都擦过　　门门功课都满分

  그러나 이것은 '一张一张', '一门门'의 변형으로 볼도 수 있으
  며, 실제로 수사 '一'를 함축하고 있다.

- 어떤 양사는 '大', '小' 등 몇몇 형용사의 수식을 받을 수 있다.

  예 一大张, 三小块

  이런 양사는 수사에 의존하여 문장 성분이 될 수 있으나 독립적
  으로는 될 수 없다.

6.5.2 법정양사(法定量词), 약정양사(约定量词), 수의양사(随拟量词)

양사는 보는 각도에 따라 다른 유형적 특성을 보이며 형성된 유래
에 따라 다음과 같이 나눌 수 있다.

(1) 법정양사

도량형 제도로 규정된 양사이다.

  예 尺 寸 丈 里 亩 顷 元 角 分
  　　厘 斤 两 钱 顿 秒 公斤

(2) 약정양사

언어가 사용되는 과정에서 사회적으로 약정된 양사이다. 사물의 종류를 나누고 양식을 구분하며 명사마다 활용도가 다르다.

> **예** 个　张　支　条　根　块　颗　株
> 　　朵　员　位　群　幅　盏　辆　本
> 　　道　套　顿　番　回　次　趟　场
> 　　架次　人次

(3) 수의양사

사물의 존재 방식 혹은 행위 방식에 따라 임시로 모방하여 정한 것으로 임시성 양사라고도 한다. 이런 양사는 원래 명사인 경우가 대부분이다. 용기나 기구를 나타내는 것도 있고 일반 사물을 나타내는 것도 있다.

> **예** 盆　碗　缸　桶　箱　瓶　盒　房间
> 　　床　桌　身　脸　手　拳　脚　肚子

6.5.3 명량사(名量词)와 동량사(动量词)

양사와 결합하는 품사에 따라 다음과 같이 나눌 수 있다.

(1) 명량사

명사와 함께 쓰이며 사물의 수량을 나타낸다.

> **예** 一张(纸)　　两朵(花)　　三项(提案)　　四套(家具)
> 　　五辆(电车)　六副(对子)　九头(牛)　　十只(鸡)

(2) 동량사

동사와 함께 쓰이며 동작의 횟수를 나타낸다.

예 (玩)一次　(打)两回　(走)几趟　(下)一阵
　　(读)五遍　(吃)三顿　(弄)几番

동사와 함께 자주 쓰이는 양사가 명사와 함께 쓰이기도 한다.

예 一次(雨)也没下过　两趟(上海)花了不少旅费
　　头遍(书)就背不出　一阵(笑声)传来

6.5.4 개체양사(个体量词), 집합양사(集体量词), 종류양사(种类量词)

양사의 의미 특징 및 명사와 결합하는 특성에 따라 다음과 같이 나눌 수 있다.

(1) 개체양사

사물 개체를 하나하나 세는데 쓰이는 양사이다. 적합한 명사와 함께 쓰이므로 명사를 종류별로 구분하는 작용을 한다. '个'는 통용되는 양사이다. 아래에 열거한 개체양사는 모두 일반 명사와 결합한다.

예 个：学生，单位，工厂，刊物，问题
　　员：大将，干将，猛将
　　名：干事，助手，运动员，战士
　　位：先生，朋友，女士，客人
　　座：桥，楼房，高山，纪念碑
　　顶：帐子，帽子，轿子，雨伞
　　把：刀，钳，剪刀，扇子，米
　　条：鱼，河，绳子，意见
　　支：笔，钢枪，曲子，队伍
　　颗：珍珠，汗珠，子弹
　　棵：草，树，大白菜，茄子
　　粒：麦子，石子，沙子，黄豆

根：棒子, 木头, 钢梁, 皮带
架：弹花机, 飞机, 机关枪, 电视机
挺：重机枪, 轻机枪
块：石头, 泥巴, 手表, 面包
朵：红花, 云彩, 棉花
门：功课, 亲事
桩：事情, 心事
盏：灯

(2) 집체양사

집체양사는 하나의 단위량을 나타낸다. 명사와 결합하며 종류별로 쓰임에 제한이 있다. 예를 들어 '群'은 사람이나 동물에는 쓰이지만 사물에는 쓰이지 않고, '打'는 열 두 개로 구성된 조합을 가리키는 데는 쓰이지만 인칭 명사를 가리키는 데에는 쓰이지 않는다. 아래 예를 보자.

예 对：鸳鸯, 对子, 夫妻, 宝货
双：眼睛, 鞋子, 筷子, 袜子
副：对联, 笔墨, 手套
组：学生, 人员
群：孩子, 狼, 老鼠
套：本领, 衣服, 家具
批：货物, 参观者
打：铅笔, 簿子, 瓶儿
窝：兔子, 土匪
帮：坏蛋, 掮客, 强盗
系列：问题, 情况, 困难

(3) 종류양사

사물을 종류별로 나누는 양사이다. 각종 명사와 결합할 수 있으며 특히 추상명사에 많이 쓰인다. 종류양사의 수는 많지 않다.

예 种 : 物品, 人才, 道德, 作风, 法律
　　　　类 : 东西, 人员, 意见, 想法, 问题
　　　　样 : 素菜, 遭遇, 生活, 花色
　　　　派 : 学说, 气象, 景象, 春光, 胡言
　　　　流 : 产品, 人才, 人品

6.5.5 복합양사(复合量词)

구조에 따라 다음과 같이 나눌 수 있다.

(1) 단순양사

하나의 형태소로 구성된 양사.

(2) 복합양사

둘 이상의 형태소로 구성된 양사이며 다음 두 가지로 세분할 수
있다.

　1) 단어내에 한 종류의 단위량을 포함하고 있는 것.

　　　예 公斤　海里　毫米　立方米　平方公里

　2) 단어내에 두 종류의 단위량을 포함하고 있는 것(두 개의 양사
　　　로 이루어짐).

　　　예 架次　辆次　人次　人年　车公里　人公里　秒平方公里

복합양사는 중첩하여 하나하나 지칭하거나 두루 지칭할 수 없다.

6.5.6 양사와 형용사의 조합

양사와 형용사의 조합은 크게 두 가지 상황이 있다.

1) 형용사의 구체성, 형상화를 강화하는 경우.

> **예** 一团漆黑　一片红　一线光明(수사는 모두 '一'로 제한됨)

2) 형용사가 나타내는 성질과 상태의 양을 묘사하는 경우.

> **예** 两指宽　三寸长　两站远　五年长　一人高

혹은 이렇게 표현할 수도 있다.

> **예** 长三寸(① 길이가 3촌, ② 비교 대상보다 3촌 길다)
> 宽两指　大五倍　红一点　多三天　少二年
> 高一等　远两站　快三秒　慢四小时

사실상 이런 상황은 수량구와 형용사가 배합된 것으로 보아야 한다. '宽两指', '长三寸'에서 '两指', '三寸'는 양을 기술한 것이고 '大五倍', '多三天'에서 '五倍', '三天'은 양을 비교한 것이다.

6.6 어기사(语气词)

6.6.1 어기사의 기능

어기사는 문장 전체에 부가되어 특정 어기를 나타낸다. 어기사는 대부분 문장 끝에 붙지만 '难道', '偏偏' 등은 주어나 술어 앞에 온다. 이 때 이런 어기사는 주어나 술어 부분만이 아니라 문장 전체의 어기를 나타낸다.

6.6.2 문말어기사(句末语气词)

1) 的 : 일의 이치가 확실히 그러함, 확연함을 나타내는 어기사이다.

> 예 这件事我是并不知道的。
> 他今天应该在家的。

2) 了 : 이미 그러함, 어떻게 하기로 결정이 됨 혹은 곧 어떻게 될 것임을 나타내는 어기사이다.

> 예 他回来了。
> 我教书教了好几年了。(이미 이러함.)
> 上课了，大家坐好了!
> 我走了，你们再坐一会儿。(결정이 어떻게 됨.)
> 快了，就要放学了。
> 热度退了，就不再打针了。(곧 어떻게 될 것임.)

3) 吗 : 의문을 나타내는 어기사로써 판단 의문문에 쓰인다.

> 예 你知道吗?
> 事情不正是这样吗?

4) 呢 : 특지의문문, 선택의문문에 쓰여 의문의 어기를 강화한다.

> 예 谁去北京呢?
> 你去(呢)，还是他去呢?

'呢'가 의문이 아니라 감탄을 나타내기도 한다.

> 예 里头不但有小吃部，还有旅馆部呢!
> 你来了，就别走，我正要去请你呢。

5) 吧 : 추측이나 명령을 나타내는 어기사이다.

예 这件事你不会不知道吧?
你还没有走吧?
让我们互相勉励吧!
努力吧, 青年朋友们!

6) 啊 : 감탄을 나타내는 어기사로써 감정의 빛깔을 더한다.

예 这支曲子多么好听啊!

이상 여섯 가지는 기본적인 어기사이며 변체가 있는 경우도 있고, 다른 어기사와 결합하여 쓰이는 어기사도 있다.

예 吗 ≈ 么　　　 吧 ≈ 罢　　　 呢 ≈ 呐, 哩
呢 + 啊 ≈ 哪　　 子 + 啊 ≈ 啦　　 么 + 啊 ≈ 嘛

6.6.3 강조어기사(强调语气词)

주어나 술어 앞에 쓰여 강조를 나타내는 어기사로써 의미를 강화하는 작용을 한다. 자주 쓰이는 강조어기사를 아래에 예시한다.

1) 难道 : 반문의 의미를 강화한다.

예 难道你会不知道吗?
你们难道都不懂得这起码的道理吗?

2) 偏, 偏偏 : 강조, 고집의 어감을 띤다.

예 偏你知道得多, 这么个唠叨不完。
你偏偏不答应这件事。

3) 索性 : 명쾌한 느낌을 강조한다.

예 索性就放下活儿不干, 聊起闲天来了。

6.6.4 어기사의 연용과 복합어기사

어기사는 연이어 쓰일 수 있다. 연용 될 때 어떤 것은 '呢 + 啊→哪'와 같이 한 음절로 줄어들기도 하는데 모두 그런 것은 아니다.

> **例** 他不会答应你的。(홀로 쓰임)
> 他不会答应你的了。(두 개 연용)
> 他不会答应你的了吧? (세 개 연용)

둘 이상의 형태소가 결합되어 만들어진 어기사를 복합어기사라 한다.

1) 着呢 : 정도가 심화됨을 나타내는 어기사이다.

> **例** 他俩快活着呢!
> 这种事情多着呢!

2) 来着 : 가까운 과거를 나타내는 어기사이다.

> **例** 他说什么来着?(他什么也没有说。)
> 中午你们吵什么来着?(闹着玩来着。)

3) 罢了 : 마음대로 편하게 함 혹은 귀찮음을 나타내는 어기사이다.

> **例** 我不过随口问一声罢了, 哪来什么深意?
> 快去罢了!

4) 就是了 : '罢了'와 같음.

> **例** 你让他去告状就是了, 有什么怕的!
> 你要说什么就说什么是了。

6.7 감탄사(感词)

6.7.1 감탄사의 특징

감탄사는 품사 체계에서 특수한 부류에 속한다. 독립적으로 문장을 이룰 수 있고 언어 구조 안에서 위치가 자유롭다. 주요 기능은 감정 표현이다.

6.7.2 감탄사의 소류

감탄사는 다시 호응사와 경탄사로 나눌 수 있다.

(1) 호응사(呼应词)

부름과 응답을 나타낸다.

> 예 喂 唉 嗯 哦 啊 欸
> 喂! 老王吗? 我是小张。
> "你知道了, 啊?""嗯。"

(2) 경탄사(惊叹词)

희로애락 등 감정을 나타낸다.

> 예 哼 啊 唷 哎 唉 哟 呸 啐 啧
> 嗳 咦 哈 哈哈 哎哟 啊哟 啧啧
> 哼! 他想跳出你的手掌, 不那么容易吧。
> 呸! 这种人也想来占便宜!
> 哎哟哟! 怎么弄成这副样子啦!

6.8 의성사(象声词)

6.8.1 의성사의 기능

의성사는 어떤 소리를 모방하거나 상징하는 단어이다. 의성사는 문장에서 '红旗哗啦啦地飘', '扑通扑通的声音'에서처럼 주로 수식어 역할을 한다. 또한 다른 성분 사이에 끼어들기도 한다. 어떤 감탄사의 소리를 단지 묘사하기만 한 경우라면 이것은 의성사이다. 예를 들어 '他喂喂地乱叫', '他呸地一声吐了口唾沫', '乐得人们哈哈大笑'에서 '喂喂', '呸', '哈哈'는 의성사의 특성을 보인다.

6.8.2 의성사의 중첩

의성사는 중첩을 할 수 있으며 ABAB형식이 많고 AABB형도 있다.

> 예 乒乓乒乓　乒乒乓乓　叽呱叽呱　叽叽呱呱
> 　扑通扑通　哗啦哗啦　丁东丁东　丁丁东东
> 　滴铃滴铃　蟋蟀蟋蟀　蟋蟋蟀蟀

또한 ABB형이나 BBA형도 있다.

> 예 哗啦啦　滴铃铃　丁丁东　乒乒乓

이외에 좀 복잡한 유형으로는 아래와 같은 예가 있다.

> 예 叽里咕噜　丁零当啷　乒零乓啷　悉沥煞啦

단음절을 중첩한 쌍음절 의성도 많이 쓰인다.

> 예 汪汪　隆隆　潺潺
> 　嘟嘟　咚咚　吱吱
> 　呜呜　哈哈　喷喷

7 한어 품사의 착종

7.1 단어 분류 및 귀속

　단어를 분류하는 것은 단어를 전체적 관점에서 기능별로 나누는 작업이며, 단어의 귀속을 정하는 것은 단어를 국부적으로 고찰하여 진행하는 작업이다. 귀속을 정할 때 한 단어가 두 가지 품사에 속하거나 어떤 한 품사로 정할 수 없는 상황이 있을 수 있는데 모든 단어가 다 이렇다면 '단어는 일정한 품사가 없다词无定类'는 말이 된다. 또한 기존의 분류 원칙과 기준에 문제가 있다는 말이 되며 이렇게 분류된 품사는 어법상으로도 별 의미가 없다. 물론 품사 분류는 그 자체로 언어의 모호성을 반영하고 있어 어떤 의미에서 품사는 모호한 집합이라고 말할 수 있으므로 어떤 기준으로 분류하든 두 가지 품사에 속하거나 어떤 한 품사로 정할 수 없는 상황이 있을 수 있다.

　분류와 귀속 문제에 있어 몇 가지 주의해야 할 것이 있다. 한어 단어는 어법적으로 분류할 수 있지만 모든 단어를 하나하나 분명하게 분류할 수는 없다. 품사가 있으면 각 품사마다 전형적인 구성원이 있을 것이다. 그런데 일부 단어는 '이것이 아니면 저것'이라는 식으로 어느 하나에 완전히 귀속되지 못하고, 어느 정도 비슷하면 그 품사에 속하게 되는 문제가 있다.

7.2 품사의 착종

7.2.1 착종의 두 가지 의미

품사의 착종은 두 가지 방면에서 의미를 살펴볼 수 있다.

(1) 서로 다른 품사가 기능면에서 한 가지 혹은 몇 가지 항목이 통하거나 공통되어 서로 교차하며 복잡하게 얽히기도 한다. 예를 들어 명사와 형용사 모두 관형어가 될 수 있고, 부사와 형용사 모두 부사어가 될 수 있다.

(2) 음이 같고 의미상 서로 관련이 있는 단어에 품사의 대립적 특징이 나타날 때 이를 '품사변이' 혹은 '변류'라고 한다. 품사의 착종을 관찰하고 토론할 때는 특히 (2)의 상황을 주의해야 한다.

7.2.2 품사의 변이

어떤 단어의 품사가 변하는지 변하지 않는지를 고찰할 때 따라야할 원칙이 하나 있다. 즉 단어의 종합 기능, 주요 기능, 일상 기능이 변하는지 여부를 보고 확정하는 원칙이다. 이 원칙을 따르지 않고 단어의 의미에 변화가 있는지 없는지를 품사 변화 여부를 고찰하는 근거로 삼아서는 안 된다. 한어에서 품사의 변이는 주로 다음과 같은 몇 가지 상황이 있다.

(1) 활용

수사적 필요에 따라 갑류 단어를 임시로 을류로 사용하는 것을 말하며 이는 우연히 생긴 변류이다.

예 …… 称呼名字, 通例只先生今人而不先生古人, 似乎不大自然, 本文中一概不称先生。(《修辞学发凡》 초판 후기)

여기에서 '只先生今人而不先生古人' 중의 '先生'은 명사 '先生'을 동사 '先生'으로 활용한 것이다. ('어떤 사람을 선생으로 칭하다'라는 의미의 동사로 쓰임)

(2) 교차

어떤 갑류 단어가 을류 단어의 특징을 갖는 경우가 있는데 이는 단어의 개별 기능 항목 중의 어떤 품사적 특성이 변이된 것이지 그 단어가 원래 속한 품사 자체가 변한 것은 아니다.

예 本质 – 最本质　前线 – 最前线

명사인 '本质'과 '前线'은 정도부사 '最'와 결합하는 개별 기능 항목에 있어서 형용사와 교차하고 있다.

(3) 겸품사(兼类)

어떤 갑류 단어가 특정 조건하에서 을류 단어의 기능을 보이는 것을 말한다. 예를 들어 어떤 형용사는 동태 접미사와 목적어를 동반할 수 있다.

예 巩固　端正　坦白　明白

(4) 분화

음이 같고 의미상 서로 관련이 있는 단어가 어법적으로 서로 다른 품사에 속하고 두 개의 단어로 분화된다.

例 科学 명 : 一门科学　自然科学　发展科学
科学 형 : 不科学　很科学　科学的态度
代表 명 : 代表们　两位代表　当选为人民代表
代表 동 : 代表着　能够代表　代表人民发言

　여기에서 '科学', '代表'는 각각 두 개의 단어로 분화되어 두 가지 품사에 속한다. 같은 예로 '锁', '希望', '经济', '策略', '翻译', '困难', '茅盾', '工作' 등이 있다.
　단어의 품사는 바뀔 수도 있다. 어떤 단어는 지금 갑류에서 을류로 바뀌는 과정에 처해 있을 것인데 그런 단어가 나타내는 어법 기능은 매우 모호할 것이다.

7.2.3 동음 현상은 착종이 아니다

　둘 혹은 몇 개의 동음어가 각각 다른 품사에 속한다면 이것은 품사 착종이 아니라 동음어가 각기 다른 품사에 속한 것이다.

例 白₁纸 - 白₂吃 (白₁ 형, 白₂ 부)
光₁说不做 - 光₂着膀子 (光₁ 부, 光₂ 동)
一把₁刀 - 把₂门关上 - 他把₃着门 (把₁ 양, 把₂ 개, 把₃ 동)
一打₁铅笔 - 打₂老虎 - 打₃这儿走近 (打₁ 양, 打₂ 동, 打₃ 개)

　여기에서 두 개의 '白', 두 개의 '光', 세 개의 '把', 세 개의 '打'는 모두 의미상 서로 관련이 없는 동음 단어이며 품사 또한 다르다. 이는 품사의 착종 현상이 아니다.

| 지은이 소개 |

진광뢰(陈光磊, 1938.12~)

중국 上海 复旦大学 교수, 중국수사학회 회장.
복단대학 국제문화교류학원 한어부 주임, 동제대학 겸직교수, 상해사범대학
언어연구소 겸직연구원, 《修辞学习》 편집장 역임.
주요 저서로는 《汉语词法论》, 《修辞论稿》, 《汉语:跨文化走向世界》, 《改革
开放中汉语词汇的发展》, 《中国修辞学通史》(전5권, 宗廷虎, 李熙宗 등 공
동편저), 《中国修辞史》(전3권, 宗廷虎 공동편저)등이 있음.

| 옮긴이 소개 |

이경아(李鏡兒)

중국 上海 复旦大学 중문과에서 문화언어학과 수사학으로 석사, 박사 학위
를 받았다. 복단대 한국연구중심 객좌연구교수로 활동하였으며, 현재 원광대
학교 중국학과에서 강의하고 있다. 중국어, 터어키어 번역을 하고 있으며, 저
서로는 《现代汉语拟声词研究》등이 있다. 현재 《번역수업》을 집필 중이다.

한어형태론汉语词法论

초판 인쇄   2017년 2월 7일
초판 발행   2017년 2월 15일

지 은 이| 진광뢰陈光磊
옮 긴 이| 이경아李鏡兒
펴 낸 이| 하운근
펴 낸 곳| 學古房

주   소| 경기도 고양시 덕양구 통일로 140 삼송테크노밸리 A동 B224
전   화| (02)353-9908   편집부(02)356-9903
팩   스| (02)6959-8234
홈페이지| http://hakgobang.co.kr
전자우편| hakgobang@naver.com, hakgobang@chol.com
등록번호| 제311-1994-000001호

ISBN   978-89-6071-644-5 93720

값 : 14,000원

이 도서의 국립중앙도서관 출판예정도서목록(CIP)은 서지정보유통지원시스템 홈페이지
(http://seoji.nl.go.kr)와 국가자료공동목록시스템(http://www.nl.go.kr/kolisnet)에서 이용
하실 수 있습니다. (CIP제어번호 : CIP2017003105)